朱晓春 编著

陶行知师德师风教育
大先生在晓庄

南京大学出版社

序 言

陶行知(1891年10月18日—1946年7月25日),是伟大的人民教育家、思想家、文学家、政治家。

晓庄,是陶行知"生活教育"的策源地与实践地,是先生办学的核心区域。先生情系晓庄,与晓庄有着深厚的渊源,在南京学习、生活、办学、工作14年。晓庄是先生奋斗、热爱和长眠的地方,珍藏着先生生命中太多的不可割舍的深厚情愫。

1909年,陶行知来到南京汇文书院学习;1910年考入金陵大学;1914年,先生从金陵大学毕业后远赴美国留学。1917年回国后,任南京高等师范学校教授、教务主任,暨东南大学教育科和教育系主任。1927年在南京北郊晓庄创办了晓庄实验乡村师范学校。1946年5月,筹建民盟南京支部。同年7月逝世,12月1日归葬于南京晓庄劳山之麓。

陶行知的一生,是革命的一生,是为人民谋幸福的一生。他以"教育救国"的思想,积极开展平民教育,以唤起民众改造社会。他结合中国国情创造了"生活教育"理论体系,他通过教育求真知育真人,至今仍有实际意义。我们要永远学习陶行知先生,创新先生的思想与实践。

陶行知是一位大先生,他是倡导中国教育变革、引领优良师德师风的先驱者、开拓者、实践者,他的教育思想具有创新性。先生在南京学习、工作、生活了14年,把生命中的三分之一献给了南京。先生是中华优秀传统文化熏陶下成长起来的优秀典型代表,他从小立志教育救国,其教育理论与方法,就是为了改造社会,改变中国现状。

先生亲手创办晓庄学校,推进生活教育实践。晓庄试验乡村师范学校在当时堪称全国一流,洪波所及,影响全国许多地方,唤醒了很多青年,培养了许多革命志士与各种人才,为改革旧教育做出了示范,为建设新教育展示了无穷光明的前途。

陶行知波澜壮阔的人生轨迹和壮怀激烈的教育生涯中,表现出以理想信念、道德情操、扎实学识、仁爱之心为核心的崇高师德,已成为一笔弥足珍贵的精神财富、教育财富,感染着广大教师。当今,大力弘扬行知师德,讲好行知故事,争做"大先生",做学生为学、为事、为人的示范,教育引导广大教师崇德修身、教书育人,担当为党育人、为国育才的光荣使命。

陶行知师德师风教育,以真实史料、照片和事例为基础,展示陶行知先生在晓庄奋斗、教育和生活的情况,展现陶行知先生为中国教育事业奋斗,为中国人民革命事业无私奉献的经历。尤其是他追求真理做真人,培养学生"健康的体魄,农夫的身手,科学的头脑,艺术的兴趣,改造社会的精神"的思想,帮助广大教师正确认识为人、为事成功的源泉,在于"爱满天下,奉献社会"。

陶行知师德师风教育,围绕陶行知先生对于社会、教育、人生、人性、平等、金钱、仁爱、恕道等的深层思考与实践,对于今天的广大教师形成良好的师德师风具有重大的价值和现实意义。

陶行知是伟大的人民教育家,具有开拓创新精神,是我国创造教育理论的奠基人。面对世界科技飞速发展的挑战,我们必须把增强民族创新能力提到关系中华民族兴衰存亡的高度来认识。教育在培育民族创新精神和培养创造性人才方面,肩负着特殊的使命。

陶行知师德师风教育,深刻挖掘提炼陶行知先生在晓庄的100个生活教育实践事例,用文学的方式,书写真实的历史。传承行知思想,弘扬行知精神,培育新时代的"四有好老师"。广大教师要学习陶先生精神,心怀"国之大者",以坚定的信念、模范的言行、人格的魅力,努力做塑造学生品格、品行、品味的"大先生"。

晓庄,是大先生陶行知"教育救国"梦升起的地方,也是先生梦断的地方。36岁的陶行知,年富力强,来到晓庄办学,以创建晓庄试验乡村师范学校为起点,希冀通过改造教育,以改造社会,从而实现其教育救国的梦想。晓庄学校是陶行知亲手创造的"乐土",他的家国情、教育梦生于斯,长于斯,正当如火如荼的时候,国内外有影响的时候,学校被国民党当局查封,"梦断晓庄"。因而,晓庄是陶行知人生中发生重大变故的地方,可是先生没有屈服,百折不挠,不忘初心,砥砺前行,演绎无怨无悔的生命历程。

大先生在晓庄,三年零一个月,晓庄因教而兴,成为国际、国内生活教育革新的热点;晓庄的社会与生活发生天翻地覆的变化,令晓庄百姓慷慨高歌和欢欣鼓舞。先生在晓庄的生活教育实践,得到了广大百姓的支持与认可,为晓庄留下浓墨重彩的一笔。

今天,我们学习陶行知思想,就是要学习和发扬行知精神,争做新时代"大先生"。

一是陶行知的博爱精神,这首先体现在陶行知的爱国精神上。先生认为"凡是脚站中国土地,嘴吃中国五谷,身穿中国衣服的,无论是男女老少,都应当爱中国",爱国必须爱民,由此他以"爱满天下"的精神,爱学生、爱平民、爱工人、爱中华民族中最多数最不幸之农人。从爱国爱民出发,他爱教育,决心一辈子献身教育,立志要用教育来救国救民,他更爱救国救民于水火的中国共产党,由此他成为一个"无保留地追随党的党外布尔什维克"。

二是乐于奉献的伟大情操。先生为人民的教育事业奉献终身,为了中国的教育事业,他是"为了苦孩,甘为骆驼;于人有益,牛马也做",愿为农民"烧心香"。为了办乡村教育,他搬离了洋楼,一家老小住到了晓庄的草房里,他甚至一度住在牛棚里。他办教育,不是简单的"仪型他国"、照搬西方,而是从中国的基本国情出发,为农村、为穷人、为大众办教育,苦心探索,矢志追求。他的教育依靠群众,动员群众,发动社会力量,是真正的人民教育家,所以毛泽东同志也称他为"伟大的人民教育家"。他身教重于言教,求真务实,身体力行,时时处处以身作则,为人师表,真正实现了他"人生为一大事来,做一大事去"的宗旨。

三是甘愿为国献身的行动。在国难当头之际,先生总是挺身而出,呼吁团结抗日,他与沈钧儒、章乃器、邹韬奋等人联合发表了《团结御侮的几个基本条件与最低要求》,得到了毛泽东的回信。他始终保持着炽热的激情,且从不懈怠,即便是遭受到各种各样打击的情况下,他依旧保持着这一激情。他主动走在反帝反封建的第一线,从1919年五四运动开始,他就率领南高师学生走上街头;1930年他支持晓庄学子反日游行,这也直接导致了晓庄师范被查封。此后,他还赴欧美、东南亚等多地演讲,为国内抗日募集资金。为了国家,为了人民,他全心全意跟着中国共产党走,仔细研读学习马克思主义著作,三次前往马克思墓拜谒,与中共高层周恩来、邓颖超、董必武、徐特立等人往来密切,还为中共培养了一批优秀的战士,真正做到了鞠躬尽瘁,死而后已。陶行知始终自觉主动改造人生观、世界观。开始的时候,陶行知奉行教育救国理念,但随着国内形势的发展,特别是在他的一批共产党学生的影响下,他开始主动学习马克思主义,阅读马克思主义的相关著作,参加马克思的纪念活动,并将自己的名字"知行"改为"行知",体现出了他强烈的理论与实践相结合的内在理路。他献身于新民主主义革命事业,一贯同情、支持、保护和营救共产党人,晓庄时期他就同情、支持共产党人的活动。在晓庄师范学校里,他的学生当中有不少人都是中国共产党党员,他还多次筹措款项将被捕的共产党学生从牢狱中救出。

四是不屈不挠的刚毅品质。陶行知自赴美留学起,就立下了教育救国的决心,他自始至终坚持办教育,为实现这一目标,他办理了各级教育,包括乡村教育、师范教育、英才教育、幼儿教育、社会教育、成人教育等,只要他决心办一所学校,无论是怎样的困难环境,都一直坚持下去。作为一名"海归",陶行知回国的时候,到南京高师任教,当时有很高的报酬,后来又兼中华文化基金董事会秘书,收入就更高,但是他把这一切都抛弃了。他脱下了西装,下乡办乡村师范学校,赤脚穿草鞋,与师生同吃同住同劳动,做一个"挑粪校长"。

五是求真务实的工作作风。陶行知一生强调以求真为宗旨,"千教万教教人求真,千学万学学做真人"。他在政治上求真,积极投身革命运动,为革命培养了一大批优秀的学生。在世界观的改造上,他从接受王阳明"知是行之始,行是知之成"的"知行观"转变为"行是知之始,知是行之成"的"行知观",这是他在哲学思想上求真的结果。在教育思想上,他将杜威的"教育即生活""学校即社会""做中学"翻半个筋斗,发展、改造为"生活即教育""社会即学校""教学做合一",这是他"吾爱吾师,吾更爱真理"的求真思想的结晶。创办晓庄师范等校,则是他教育实践上求真的第一次实际行动。

六是开拓求新的创造精神。先生提倡"敢探未发明的新理,敢入未开化的边疆"。《创造宣言》提出:"要大力推行创造教育。"可以说,陶行知先生是中国最早提出创造教育的教育家之一。先生一生的实践是不断地开拓、创造的过程。陶行知重视创造,时时处处开拓创造,不管是他的教育学说,还是他的教育方法等,都具有独特的陶行知的味道。

陶行知师德师风教育实例,通过介绍先生在晓庄的100个经典实例,为培育和造就新时代"四有好老师"提供榜样引领和实践坐标。讲好行知故事,用足用好史料资源,传承弘扬好陶行知思想。行知精神,薪火相传。新时代,我们要学习陶行知思想,争当时代教育先锋。必须坚定理想信念,具备优良师德;拥有丰富知识,掌握过硬本领,担当历史重任。

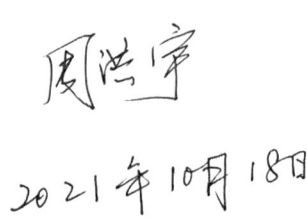

目 录

序　言 …………………………………………………………… 1

第一部分　理想信念 ………………………………………… 1

千教万教教人求真，千学万学学做真人

一　陶行知从小立志 ………………………………………… 1
二　陶行知被誉为"天地金陵第一声" ……………………… 2
三　陶行知出国前特地与妻、妹合影留念 ………………… 3
四　陶行知先生选择南京晓庄办试验乡村师范学校 ……… 4
五　陶行知先生筹办晓庄试验乡村师范学校 ……………… 7
六　陶行知先生为晓庄试验乡村师范学校筹募资金 ……… 8
七　陶行知先生将小庄改名晓庄 …………………………… 9
八　陶行知先生为晓庄学校的礼堂写对联 ………………… 10
九　陶行知先生的入学考试别出心裁 ……………………… 13
十　陶行知先生欢迎清华学子操震球 ……………………… 14
十一　陶行知先生组织别开生面的开学典礼 ……………… 17
十二　陶行知先生："晓庄师范就是培养学生吃苦精神" … 18
十三　陶行知先生在晓庄与牛同铺 ………………………… 19
十四　陶行知先生在"晨会"发表演讲 ……………………… 20
十五　陶行知先生作词校歌《锄头舞歌》唱遍全中国 …… 21
十六　陶行知先生提出"自己的房子自己建" ……………… 23
十七　陶行知先生和教师、学生一起建犁宫 ……………… 23
十八　陶行知先生带领学生自建厨房 ……………………… 26
十九　陶行知先生自建"书呆子莫来馆"和"黄金世界" … 27
二十　陶行知先生成立社会改造部 ………………………… 28
二十一　陶行知先生成立"晓庄联村自卫团" …………… 29
二十二　陶行知先生在晓庄开展禁绝烟赌 ………………… 31

二十三　陶行知先生与同事同甘苦共患难 …………………… 33
二十四　陶行知先生创建晓庄剧社 ……………………………… 34
二十五　陶行知先生："人人有面包吃又有水仙花看" ………… 36

第二部分　道德情操 …………………………………………… 38

捧着一颗心来，不带半根草去

一　陶行知先生的信条"捧着一颗心来，不带半根草去"……… 39
二　陶行知先生家的祖传剃刀 …………………………………… 40
三　陶行知先生爱家乡的黄山毛峰茶 …………………………… 41
四　陶行知先生："我的稿费怎么用？"…………………………… 42
五　陶行知先生"面壁思过" ……………………………………… 43
六　陶行知先生的"两只口袋" …………………………………… 43
七　陶行知先生："学校里谁都不能搞特殊化" ………………… 44
八　陶行知先生写信给校工高祥发 ……………………………… 45
九　陶行知先生创办晓庄中心小学 ……………………………… 47
十　陶行知先生常去晓庄学校特约的燕子矶小学 ……………… 50
十一　陶行知先生经常去尧化门特约小学 ……………………… 53
十二　陶行知先生创办吉祥庵中心小学 ………………………… 55
十三　陶行知先生创办万寿庵中心小学 ………………………… 57
十四　陶行知先生创办和平门中心小学和三元庵中心小学 …… 58
十五　陶行知先生创办黑墨营中心小学 ………………………… 59
十六　陶行知先生协办迈皋桥小学 ……………………………… 59
十七　陶行知先生派学生去中山门小学任教 …………………… 60
十八　陶行知先生创办晓庄民众学校与成立晓庄乡村医院 …… 61
十九　陶行知先生为晓庄人解决吃水问题 ……………………… 62
二十　陶行知先生创办全国第一个乡村幼稚园 ………………… 63
二十一　陶行知先生聘请专家指导晓庄蚕桑试验场 …………… 65
二十二　陶行知先生提倡修建和燕公路 ………………………… 66
二十三　陶行知先生建立联村武术会和联村救火会 …………… 66
二十四　陶行知先生组织举行联村运动大会 …………………… 67
二十五　陶行知先生主持晓庄学校校庆活动 …………………… 69

第三部分　扎实学识 ·· 72

出世便是破蒙，进棺材才算毕业

- 一　陶父是行知先生的第一任启蒙老师 ·· 72
- 二　陶行知先生从小好读书 ·· 73
- 三　陶行知先生到国外学习 ·· 74
- 四　陶行知先生二次改名 ·· 75
- 五　陶行知先生开放女禁，把"教授法"改成教学法 ·························· 77
- 六　陶行知先生积极倡导教师、学生到乡下去学习 ···························· 79
- 七　陶行知先生制订晓庄学校学生学习计划 ······································ 81
- 八　陶行知先生活实践的方法"教学做合一" ······································ 82
- 九　陶行知先生写《水铭》诗赠送学生 ··· 84
- 十　陶行知先生向人民学习的《人民之所好》诗 ······························· 86
- 十一　陶行知先生的"每日四问" ··· 87
- 十二　陶行知先生一生向实践学习比例最高 ······································ 90
- 十三　陶行知先生倡导孩子"读活书" ··· 91
- 十四　陶行知先生向张謇先生学习办学经验 ······································ 93
- 十五　陶行知先生请木匠师傅当老师 ··· 95
- 十六　陶行知先生赞同"上活课" ·· 96
- 十七　陶行知先生："教育就像喂鸡一样" ··· 97
- 十八　陶行知先生奖励学生"四颗糖果" ··· 98
- 十九　陶行知先生："让学生像蜻蜓一样飞吧" ··································· 99
- 二十　陶行知先生创办的晓庄师范只有指导员 ································· 100
- 二十一　陶行知先生创建晓庄佘儿岗茶馆 ·· 101
- 二十二　陶行知先生为事业抛弃500块大洋月薪 ······························ 103
- 二十三　陶行知先生："冯将军一直支持我办学" ······························ 104
- 二十四　陶行知先生是"最中国"的留学生 ·· 105
- 二十五　陶行知先生把晓庄师范称为"阳光下的诗意生活" ··············· 107

第四部分　仁爱之心 ·· 111

爱满天下，甘当人梯

- 一　陶行知先生书写燕子矶头的劝生木碑 ······································· 111

二	陶行知先生:"晓庄是在爱中诞生的"	113
三	晓庄是一片充满红色的热土	116
四	陶行知先生为了学生"巧答"蒋梦麟	118
五	陶行知先生支持学生的革命斗争	119
六	陶行知先生力行"爱满天下"	120
七	陶行知先生的高尚人格	122
八	陶行知先生创办新安小学	124
九	陶行知先生将母亲的500元人寿保险金全部赠送给"新旅"	126
十	陶行知先生始终关注新安旅行团	127
十一	晓庄革命烈士石俊:英雄壮歌,荡气回肠	129
十二	晓庄革命烈士叶刚:信仰坚定,做永不褪色的红叶	133
十三	晓庄革命烈士郭凤韶:傲血红梅,无怨无悔	140
十四	晓庄革命烈士沈云楼:为了信念,永不后悔	145
十五	晓庄革命烈士胡尚志:以我青春换光明	146
十六	晓庄革命烈士汤藻:到乡下去,干好革命工作	149
十七	晓庄革命烈士马名驹:英雄魂魄,浩然正气	152
十八	晓庄革命烈士谢纬荣:共产主义就是我的信仰	155
十九	晓庄革命烈士袁咨桐:年龄最小的革命者	157
二十	晓庄革命烈士姚爱兰:意志坚强,高洁若兰	162
二十一	晓庄革命烈士纪念碑	166
二十二	陶行知先生最后一次来晓庄	169
二十三	周恩来称:"陶行知是一个无保留追随党的党外布尔什维克"	170
二十四	陶行知先生的"回国三愿"	173
二十五	晓庄是一部永不完稿的诗篇	174

后　记 …… 176

参考文献 …… 178

第一部分　理想信念

> 千教万教教人求真,千学万学学做真人

"先生不应该专教书,他的责任是教人做人。"新时代的教师承载着传播知识、传播思想、传播真理,塑造灵魂、塑造生命、塑造新人的时代重任,以德立身,为党育人,为国育才,培养社会主义建设者和接班人。

如何才能成为一名党和人民满意的好老师?习近平总书记明确提出"四有好老师"的要求,"有理想信念、有道德情操、有扎实学识、有仁爱之心",号召广大教师在坚定理想信念上下功夫、在厚植爱国主义情怀上下功夫、在加强品德修养上下功夫、在增长知识见识上下功夫、在培养奋斗精神上下功夫、在增强综合素质上下功夫。

人民教育家陶行知先生,秉持"千教万教教人求真,千学万学学做真人"的理想信念,立志"为一大事来,做一大事去","要使全中国人都受到教育","用四通八达的教育创造四通八达的社会";恪守"捧着一颗心来,不带半根草去"的道德情操,践行"我是一个中国人,要为中国作出一些贡献"的宏愿;以"出世便是破蒙,进棺材才算毕业"的态度厚积扎实学识,既向书本学习,又向实践学习;以"爱满天下,甘当人梯"的仁爱之心,"为老百姓烧心香","为了苦孩,甘为骆驼"。

放眼宇内,师魂永驻,"世界的陶行知"名居其一;史海钩沉,名家辈出,"万世师表"的陶行知,烛照当代。

一　陶行知从小立志

陶行知,安徽省歙县人,原名陶文濬,后改名为陶知行、陶行知。他出生于徽州,徽州是出过朱熹、戴震的文化之邦。他幼年好学,聪明勤奋,就读于歙县的乡间私塾,在中华优秀传统文化的教育下成长,从小立志刻苦学习,长大报效祖国。所以,他从小认真习书法、读诗文,启蒙老师十分喜爱他的文采。

陶行知15岁时在崇一堂宿舍的手书

陶行知自童年时代起就对民间疾苦有深切感受。他尤其关注中国的农村,立志为改变中国农村贫穷落后的面貌和广大中国农民受剥削压迫的悲惨处境而奋斗。

1891年10月18日,陶行知出生在安徽歙县黄潭源村的一个贫农家庭,1906年,陶行知15岁,进入歙县城教会办的崇一堂,该学校开设的课程有英文、日文、中国史、西洋史、数学、物化、医药、地理、气象、体操等。陶行知开始接受西方资产阶级的新教育。他在崇一堂宿舍墙上写下"我是一个中国人,要为中国作出一些贡献"。陶行知学习刻苦用功,成绩优异。

陶行知从小就有志向追求,家境贫寒,父母亲供其入幼学后,不久就只能让他辍学。但因他天资聪慧好学,多蒙老师施惠,几度免费再读。先生6岁进家乡蒙童馆,15岁读歙县崇一学堂。17岁入杭州广济医学堂,那所学校是教会办的,歧视教外学生,先生愤而退学。

自古以来,徽州物华天宝,人杰地灵,是一块风水宝地,一方沃土。在这块土地上,人们爱教崇教。徽州大地人才辈出,与它所处的地域有关,徽州的自然山水,培育无数风流人物!陶行知就是其中的一位,他是伟大的教育家、思想家、政治家和文学家。

陶行知童年就生活在自然山水中,在自然山水中学习生活,发展了他的智性。他从小就从爱国爱民出发,爱教育,决心一辈子献身教育,立志要用教育来救国救民,改造社会。

二 陶行知被誉为"天地金陵第一声"

1909年,陶行知在崇一堂唐世贤牧师的帮助下,考入南京汇文书院。1910年,汇文书院与宏育书院合并改称金陵大学,陶先生遂升入该校研习文科。陶行知先生的学术经历徽州文化圈、金陵文化圈。陶行知从小接受中国传统文化的教育，立志教育报国，"爱满天下"的爱国精神成为其日后的信念。同时，开始随王阳明一派，信仰"知行合一"的哲理。在这个阶段，陶行知先生探究了他们以利己教育建设中国的思想。

1914年，23岁的陶行知以文科第一名的成绩毕业。他在毕业论文《共和精义》中写道："人民贫，非教育莫与富之；人民愚，非教育莫与智之；党见，非教育不除；精忠，非教育不出。"金陵大学的学习，奠定了他从事教育、报效国家的理想。先生很早就显示出思想和文字功夫，任金陵大学学报中文版编辑时，他便宣传共和思想。

陶行知在金陵大学

陶行知在毕业典礼上朗读他的毕业论文，而当时应邀参加典礼及颁授文凭的嘉宾中，有当时任职江苏省教育厅官员的职业教育家黄炎培。黄炎培（1878—1965年）是我国现代著名政治家、教育家，清末举人，辛亥革命后任江苏省教育司司长、江苏省教育会副会长、江苏省议会议员。1917年赴美国考察后在上海创立中华职业教育社，任理事长。这是两人首次见面，黄氏接受陶行知赠送的《金陵尘》礼物。黄炎培对于陶行知的印象相当深刻，1946年陶先生病故后，黄先生在怀念诗中的第一句即"天地金陵第一声"，来称赞陶行知先生。

陶行知在南京金陵大学求学期间，笃信"知是行之始，行是知之成"，因此，他将自己的名字改为陶知行。当年的陶知行将教师当作自己毕生的事业，他说，"你若把你的生命放在学生的生命里，把你和你的学生的生命放在大众的生命里，这才算是尽了教师的天职"。陶行知深知找到自己所为之来的大事并不容易，为此他一辈子都在执着而坚定地实践自己的教育理想，甚至为此改变自己的名字。

三　陶行知出国前特地与妻、妹合影留念

1914年6月，陶行知先生获得全校考试总分第一名，宣读毕业论文。金

左为陶行知的妹妹陶文渼,右为妻子汪纯宜

陵大学校长包文授予他一张美国纽约大学承认的文科学士文凭。陶行知本想毕业后赴美接受大学教育,但是没有足够的经济条件以完成他的志愿。因此,毕业后,他就回乡循父母命成亲了。

妻子汪纯宜,温文贤淑。但陶行知没有结婚生子之意,他要奔走于南京、徽州之间,四处筹借赴美留学的经费,经历了"十谒朱门九不开"的难题,终于筹到了所需的盘缠。

一个静谧的夜晚,先生对枕边的妻子说:"纯宜呀,我实在是难以启齿,我就要离开你了,我有千万条理由,不得不离开,可是一时又不能对你说明白,'丈夫志在新天地',不能'儿女情长,英雄气短'啊!"

妻子深信,丈夫的决定是对的,她不愿意哭哭啼啼,她忍住心头的难受,安慰丈夫说:"你放心去吧!我会好好侍奉公公婆婆的。"第二天,陶行知邀了妹妹和纯宜一起去当地照相馆,合影留念。姑嫂并排前坐,先生身穿整齐的长袍马褂立在二人身后,这张相片,在先生出国期间相伴相随了三年,聊以慰藉相思之情。

陶行知割舍了亲情,赴美留学,向国外学习,就是为了实现教育救国的目标。学成归来,他自始至终坚持办教育,为实现这一目标,他办理了各级教育,包括乡村教育、师范教育、英才教育、幼儿教育、社会教育、成人教育等。只要他决心办一所学校,一定会坚持下去,无论是怎样的困难环境,一直怀着教育救国的理想,坚持不懈,孜孜以求。

四 陶行知先生选择南京晓庄办试验乡村师范学校

1927年3月,在南京神策门外老山脚下有一个村庄叫小庄,原来的小庄、龟山、香火田、佘儿岗、董家庄等几个自然村合并,陶行知取名晓庄。先生在这里创办了"晓庄试验乡村师范"。

1926年春,陶行知与赵叔愚、邵仲香等调查了沪宁路沿线的江宁县北固乡燕子矶、笆斗山,江宁县江乘乡尧化门,无锡开原等乡村小学。是年秋,陶行知又以中华教育改进社名义在明陵小学召开乡村教育研究会,会上提出了著名的乡教十八条原则,发表了《我们的信条》,并以中华教育改进社名义发表《改进全国乡村教育宣言书》《创设乡村幼稚园宣言书》,撰文《师范教育下乡运动》《中国乡村教育之根本改造》,拟定推行乡村教育计划,发表《试验乡村师范学校第一院简章草案》,筹备建设试验乡村师范学校。12月25日,中华教育改进社特约乡村教师第二次研究会在江宁县江乘乡尧化门小学召开,并举行立志乡村教育的宣誓典礼,邀请省教育厅官长证誓,宣布正式实行乡村普及教育及创设实验乡村师范学校,并成立中华教育改进社乡村教育同志会,此后陶行知创设乡村教育皆以中华教育改进社筹款、行事,从而拉开了中国教育史上轰轰烈烈的倡导乡村教育运动大幕。

晓庄试验乡村师范学校校舍分布示意图

试验乡村师范学校最初的选址并不在晓庄,而是在迈皋桥靠近十字街的黑墨营。1927—1930年,南京沪宁铁路以北的南京特别市大庙乡(金陵乡)一部,江宁县的神策乡大部(后改为和平乡)、万寿乡全部(万山乡)、北固乡(太固乡、德固乡、金固乡)一部,蒋庙乡(钟山乡)一部等构成了新中国成立后的迈皋桥地区,即东至燕子矶亲爱村(奋斗村)、尧化三元祠;南至沪宁铁路及玄武湖,与玄武湖乡分界于南京火车站;西至宝塔桥、金陵村,与下关分界于金川河;北至长江,与燕子矶分界于窑上村至白云石矿东。而此时,迈皋桥还是和燕路沿线的星寥小镇。迈皋桥地区因为地处南京城簸箕地形的边缘,区域丘陵连绵、岗山峻耸,又因连湖通江,境内民众以农林畜牧、砖瓦烧造、丝织茶藕等农业经济为主要谋生手段,是旧中国十分典型的农村社会。

1926年12月28日,陶行知撰写著名的《试验乡村师范学校答客问》一文,文中写道:"试验乡村师范学校设在何处?这个学校设在南京神策门外迈皋桥,离燕子矶、尧化门都很近。我们准备了田园200亩,供师生耕种;荒山数座,供师生造林;最少数经费,供师生自造茅草屋居住。"

该校校址,距太平门车站只有二里路,前面是紫金山,庄严矗立,令人兴奋,后面有幕府山为背景,左右有枫、桑、竹林、杂树,中间有平地二百亩,划作建筑校舍之用,甚为合宜。此地系邵德馨3年来惨淡经营所得,以试验乡村师范,关系中国乡村教育前途,特将该地割爱,让与改进社开办该校之用。

陶行知先生在晓庄

晓庄交通最为便利,离燕子矶中心小学有大路可通,离尧化门中心小学有火车可通,附近之十字街,可办第三中心小学,现该校筹备会已公推丁超、宋鼎准备木牌,沿界线树立。每牌书乡村教育信条一条,并"于两星期内办成云"。

自1926年夏始,国民革命军挥师北伐,下半年破孙传芳。浙、闽、苏、皖、赣五省联军势如破竹,南京城人心惶惶,南京各要塞,均架有大炮并以重兵防守。南京城外相近区域俱为兵家必争之地,本来选择的黑墨营点,在南京玄武湖以北,火车又从此经过,紫金山在东,小红山、蟠龙山在西,幕府山在北,可谓战略要地。在这样的地方不可能不被打扰,况且时局不稳,沪宁路上由南京逃往上海的人络绎不绝,谁还有心思前来办理土地勘界、交付款和交割呢?只有晓庄这个藏于山窝子里的穷山村,既能躲开战火的打扰,又能接近农村农民,正好安心办好乡村师范。

老山脚下的小庄因时局的影响,各方面不得接头,便打消此动机。校之左面紫金山巍然独立,右有蟠龙山环绕如抱,前有良田数亩,涧水潺流,后有桑园、竹园映照成趣。距太平门车站不上二里,买卖咸称便利。正是因为北伐战争的影响,才使得试验乡村师范学校离开黑墨营而转至晓庄开办,从此改写了晓庄的历史。

陶行知办晓庄师范学校,不是简单地"仪型他国"、照搬西方,而是从中国的基本国情出发,为农村、为穷人、为大众办教育,苦心探索,矢志追求。他的教育依靠人民,动员群众,发动社会力量,他是人民至上,依靠人民办学,真正的人民教育家,所以毛泽东同志称他为"伟大的人民教育家"。

五 陶行知先生筹办晓庄试验乡村师范学校

1927年创办晓庄学校,培养乡村教师的目标是:根据乡村特点,创立自学成才即教育,以"家即学校""教学做合一"等生活教育理论为中心,中心学校工作教学做,分任教务行政教学做,征服自然环境教学做,改造社会环境教学做,学会生活教学做,教育与生活、与生产劳动相结合,学员在指导员指导下生活,在做上教,在做上学,自由园地(地下党团组织),参加反帝爱国斗争。

劳山脚下的晓庄学校

晓庄乡村师范的生活教育实验是陶行知生活教育学说的第一次重要实践,其重点主要放在乡村教育的改革上。他对于纠正封建传统教育脱离生活实际、脱离广大民众的弊端,改革旧的乡村教育办学模式,发展新型乡村师范教育起到了十分积极的作用。他创造出来的新的乡村师范教育办学模式,在20世纪二三十年代成为教育界人士开办乡村师范教育所借鉴的样板。在晓庄师范实践的基础上,陶行知对杜威的教育思想进行了改造,并对自己的实践经验进行了总结,提出了其生活教育理论,主张"生活即教育""生活即学校""教学做合一"。晓庄师范的办学实践和生活教育理论的产生,既是陶行知独具特色的教育思想的正式形成,又是他其后一系列生活教育实验的起点。在讨论筹办试验乡村师范的同时,陶行知向江苏省教育厅呈文报告,申请备案,得到时任厅长江问渔先生的鼎力支持。

1926年12月31日,江苏省教育厅函复中华教育改进社称:"贵社为改进乡村教育师资及试验师范学校制度起见,拟在南京神策门外设立试验乡村师范学校第一院,事关改进乡村教育师资,自当尽力赞助。"

大先生在晓庄创立了完整的生活教育理论体系,开始进行大量教育实践。他亲手创办或经他推动,办起了生活教育为指导思想的学校,在黑暗的旧中国,为改革旧教育做出了示范,为建设新教育展示了无穷光明的前途。

六 陶行知先生为晓庄试验乡村师范学校筹募资金

1926年12月初,陶行知在上海多方拜会友人,筹募办学资金,给予最大资助的是安徽籍商人程霖生,一次特别捐助13 000元,中华教育改进社捐助9 642元。学校创办后的一年间,社会反响很大,各方面的资助或捐款始有增加,最大的一笔是江苏大学区行政院补助费4 000元。

晓庄劳山脚下的"犁宫"

1927年1月1日,陶行知、赵叔愚、邵德馨、丁超、宋鼎、钱向志在南京安徽公学召开试验乡村师范筹备会,当时议决34条议案,分任筹备晓庄学校。

1927年2月10日,中华教育改进社在上海功德林召开董事会,陶行知报告创办小学师范院之主旨,提出欲为农民之导师,须先化自己为农民,即乡村师范师生必须实现"农民化"。赵叔愚就小学师范院筹备情形,包括指导人才之物色、校址之选择、经费之筹措,以及学生之招考等,皆作详细报告。会议讨论通过了试验乡村师范组织大纲、组织系统、董事会简章、会计规程、本年一至六月之预算,最后推选乡村师范董事会人选。

筹备晓庄学校过程中,陶行知的安徽老乡、商人程霖生捐款4万大洋买地;陶行知的好友、上海著名银行家杨敦甫把老山脚下一大片地捐赠给陶行知,共计200亩。后杨敦甫去世,家人又捐赠6万大洋,支助晓庄学校办学。国民政府大学院以2万元公债,约合银洋13 000元,资助晓庄师范学校购置教学设备。

为了办学募捐来的钱款,陶行知十分珍惜,科学合理安排,把钱都花在"刀口"上,用好每一分钱。

一身正气、两袖清风,是先生的做人之本。晓庄有个荷花池,先生喜欢荷花,经常去荷花池边散步。他写下了一首《荷叶歌舞》,以"但开君子花,留芳千万年"和"出生污泥,污泥不能染"的歌词来教育师生。先生还带领学生创编荷花歌舞,经常在乡村巡回演出。学校来客人,都要展示,成为晓庄学校的"标配节目",深受大家的喜爱。

陶行知廉洁自律,清白高洁,永葆清正廉洁的做人本色。先生的为人、为事是廉洁廉政教育的"好教材"。

七 陶行知先生将小庄改名晓庄

1927年年初,陶行知初到小庄,听村里老农说这里有好几个小村子,各有村名,其中有一个村叫"小庄"。先生就与村民商量,这些村子合起来,统称"晓庄"。

2月5日,陶行知在南京神策门外老山脚下的小庄主持试验乡村师范学校奠基仪式,宣布改"小庄"为"晓庄",取日出而作之意,又改"老山"为"劳山"。

陶先生做了加工,小变晓,更有意义。晓庄村,校名叫晓庄试验乡村师范学校。取意"在劳力上劳心,日出而作"之意;又寓意晓庄试验乡村师范学校的创办,为中国教育寻觅曙光,如日出破晓。

劳山脚下乡村运动的实验地

陶行知先生从此在劳山脚下开展乡村教育运动。晓庄从此成为乡村运动的实验地,传播平民教育、乡村教育,学者、学生纷纷投奔晓庄学校。1928年下半年,蒋介石与宋美龄曾经两次来晓庄学校参观,此时的晓庄学校已经名闻全国,成为全国乡村改革运动的中心。

晓庄的地名是陶行知起的,已经成为老地名,一直沿用至今。作为一名"海归",陶行知回国的时候,到南京高师任教,当时有很高的报酬,后来又兼中华文化基金董事会秘书,收入就更高,但是他把这一切都抛弃了。他脱下了西装,来到晓庄办乡村师范学校,赤脚穿草鞋,与师生同吃同住同劳动同生活,做一个"挑粪校长"。晓庄运动会本来有挑粪比赛,因在比赛过程中粪洒落在地,陶行知非常心疼,后来改成了挑水比赛。

晓庄的老百姓见到陶行知,都叫他"陶Sir",后面要带儿化音——陶丝儿,民国时老南京的口语,意为陶"先生",有尊敬的味道,陶Sir总是笑脸相迎。

八 陶行知先生为晓庄学校的礼堂写对联

现在陶行知纪念馆珍藏着"犁宫"的照片,1982年,南京市文物局专家鉴定为3级文物。晓庄学校的礼堂命名为"犁宫",门前的大柱上写着一副对联,上联是"与牛马羊鸡犬豕做朋友",下联是"向稻粱菽麦黍稷下功夫",是陶行知先生创作的。

晓庄试验乡村师范学校中心区域

1927年陶行知投身乡村教育运动,创办了我国第一所乡村师范学校,取名晓庄试验乡村师范学校,简称"晓庄学校"(今南京晓庄学院)。之所以取名晓庄学校,是因办学场地在南京郊外的小庄,陶行知将此"小庄"改名"晓庄",意为该校创办如日出破晓,是为中国教育寻觅曙光,晓庄一名便沿用至今。这所学校也被称为"乡村教育的策源地"。晓庄学校在当年的3月15日举行了开学典礼,来宾有江问渔、陈鹤琴、姚文采等教育界知名人士,更多的则是当地的农民,他们敲锣打鼓、燃放爆竹,庆祝乡村学校的创办。

陶行知以生活教育理论指导晓庄师范的办学,希望这所学校成为乡村社会的中心。学校的教学目标是培养乡村人民和儿童所敬爱的导师,而这些"导师"能够实施乡村教育并改造乡村生活。办学有五大特点。

晓庄学校的校舍独特。校址最先选在南京和平门外黑墨营,为邵德馨主持办理的金陵大学农场之所在,后改在神策门(国民政府1927年4月18日定都南京后改为和平门)外之小庄村,陶行知创办晓庄学校后,把小庄改名为"晓庄",把所在地老山改名为"劳山"。这里风景优美,东临燕子矶风景区,北靠长江,东南与紫金山相望,西南有大路直通太平门火车站,交通便利。学校开办之初没有校舍,师生们就开辟榛莽自己来建。他们头戴草帽、脚踏草鞋,在田间、在工地上劳动,一所学校就这样拔地而起。在学校里,陶行知与师生同甘共苦,一道挑粪担水、耕耘劳作,人送外号"挑粪校长"。

晓庄学校的教员独特。晓庄师范不称教师,只称指导员。指导员既可指导学生,也可以指导其他指导员;学生可指导其他学生,也可以指导指导员。陶行知先生认为没有专能的教员,只有经验稍深或学问稍多的指导员。陶先生不拘一格招揽人才,一方面将那些富有经验的劳动者视为学校师资的来源,一方面又延聘一批名师分任各科指导员,如陈鹤琴、赵叔愚、邵仲香等。晓庄学校的指导员,有专任的,也有兼任的。1929年,晓庄学校有指导员23人,"专任13人,兼课10人;学生大90人,小500人"。到1930年,前后任指导员共计31名。其中,曾在或当时正在大学教书的有10人,约有6人有出国留学的经历。陶行知、赵叔愚、陈鹤琴、黄齐生、秉志、丁柱中都是学贯中西之人,可谓师资精良。

晓庄学校的学生独特。晓庄师范的学生具有改造乡梓的志向,这是理想的感召和汇合,他们既是陶行知的信从者,又是合作者。在办学的3年中,该校共招生120余人,其中就包括清华学校大学部学生操震球、中华书局编辑所图书馆主任程本海,还有安徽的方与严携一子一女前来求学,一家三口变成了同学,成为美谈。经晓庄学校"锻造"出的学生往往更接"地气",更具改造乡村的实践能力和理论水平。

晓庄学校的经费独特。晓庄师范自开办初就面临经费紧缺的问题,陶行知便负责筹款事宜。他利用各种社会关系,争取各界的支持,慷慨解囊的有私人也有团体。1926年12月初,陶行知在上海多方拜会友人,筹募办学资金。给予最大资助的是安徽籍商人程霖生,一次特别捐助13 000元,中华教育改进社捐助9 642元。学校创办后的一年间,各方面的资助或捐款始有增加。国民政府大学院以两万元公债,约合银洋13 000元,资助晓庄师范科学教育。

晓庄学校的组织、管理独特。晓庄师范的试验是按照陶行知关于生活教育的设想来开展的。办学宗旨为:"根据中心学校办法,招收中等以上各级学校末年级生加以特殊训练,俾能实施乡村教育并改造乡村生活。"其组织管理:晓庄师范在组织管理上做了独特的试验。晓庄师范设校长1人,由陶行知自己担任,校内设执行部(校长兼部长)、研究部、监察部。执行部下设第一院(小学师范院)、第二院(幼稚师范院)。第一院由赵叔愚任院长,第二院拟由陈鹤琴任院长(后未建成)。校长、院长之下各设干事1人、校工1人。乡村师范的教师不称教员,统称指导员。学校除校长、第一院院长、第二院院长、指导员外,不设其他职员,实行师生集体治校,民主管理。当时晓庄学校有200亩田园作为学生耕种土地,有大片荒山供学生造林;有少数经费供学生自造茅屋作为校舍与宿舍;还在附近农村设立若干中心小学,供学生实施教学做。经过两三年努力,学校逐渐发展,除普师、幼稚师范两院外,办有中心小学8所、中心幼稚园5所、民众学校3所、中心茶园2所、乡村医院1所、联村救火会1所、中心木匠店1所、石匠工厂1所。

1927年10月2日,蔡元培与陈鹤琴、张宗麟等参观晓庄师范学校,陶行知组织师生在"犁宫"召开欢迎会,蔡元培在会上做了热情洋溢的讲话。参观后蔡元培应陶行知的邀请,欣然提笔用楷书题写了《我们的信条》中关于乡村师范教育的18条,共计260余字。陶行知将其装裱后挂在"犁宫"的墙壁上。蔡元培还两次拨款给晓庄师范,为陶行知办学解了燃眉之急。

陶行知先生生活的年代,中国正处于内忧外患的数千年未有之变局时代。民族危难、国家存亡的时代环境,促使陶行知在青少年时代便立下宏愿,要为中国作出一些贡献。在大学和留学期间,他逐渐确立以教育手段来实现报国理想,创立了生活教育学说,并终身实践。先生心中有信仰:要使全中国人都受到教育,达到改造社会的目的,促进社会不断发展。

九 陶行知先生的入学考试别出心裁

1927年1月,当地报纸杂志上刊登了一则别具一格的招生广告。广告上说:晓庄学校的培养目标是农夫的身手、科学的头脑和改造社会的精神;考试科目为农事或土木工操作一日、智慧测验、常识测验、作文一篇和五分钟演讲;"初中、高中、大学末一年半程度学生,有农事或土木工之经验,及在职教师有相当程度,并愿与农民共甘苦,有志增进农民生产力,发展农民自治力者,皆得投考。尚有志兴办乡村小学者,为预储师资起见,选择合格学生,保送来校投考,尤所欢迎","少爷、小姐、小名士、书呆子、文凭迷最好不来"。这则与众不同的招生广告正是来自晓庄学校,一刊出就吸引了许多有志青年,其中不乏就读名校的"天之骄子"。他们纷纷来信,索要招生简章,询问报考事宜。

晓庄学校考试开学的时间,正值国民革命如火如荼,北伐军与直系军阀在南京激战之时。许多学校为躲避战火而延期开学,村民关心晓庄师范是像它们一样,还是按时考试开学。陶行知说:"本校誓与村民共休戚,村民既须在枪林弹雨之下耕种,吾校断不因时局未靖而辍学,故投考开课均照公布之日期办理,决不变更。"3月11日,晓庄学校招生考试的第一天,13名青年冒着战争烽火,准时抵达。陶行知喜出望外:"乡村师范前天如期招考,居然还有13位来应试,可算难得。当这风声鹤唳、草木皆兵的时候,只望有三个人来,已是天字第一号。如今三上加十,恰是基督十三门徒之数,大家都为我们庆贺。此外还有二十多人请假补考。来到的人,都非常有精神,真是可喜。"考生们通过招生广告已对考试科目有所了解,但真到了考试的时候还是觉得很新鲜。

头一天,考作文、演说和辩论等。作文题目是:孟子说"劳心者治人,劳力者治于人",这句话对吗?演说题目有 20 个,学生临时抽题,然后上台演讲。陶行知邀请了一些农民、商人和小学生坐在台下,要求演讲者讲得通俗易懂,反对海阔天空的瞎扯和故作高深的空谈。

第二天,考垦荒、修路。在山坡下用白粉线划好的一方方荒地里,考生们挥动着锄头,不一会儿就汗流浃背,有人手起了泡,磨出了血。晓庄学生陈宏韬回忆说,不少人不知道如何用锄,如何搬运石块土砖,笨手笨脚,力难胜任。考生们笨手笨脚,陶行知先生却非常高兴,他说:"今天的考试,是破天荒第一次,你们的成绩,足够一百分!"

陶行知校长的入学考试,围绕生活教育实践进行,其目的在于提高学生的创造力。先生认为教育不能创造什么,但它能启发学生的创造力以从事创造工作。我们发现了学生有创造力,认识了学生有创造力,就须进一步把学生的创造力解放出来。

此实例,给我们的启示:学校要引导学生从小崇尚劳动、尊重劳动,长大后能够辛勤劳动、诚实劳动、创造性劳动。其目标是培养有"生活力"的人。所谓"生活力",就包括健康的体魄、劳动的身手、科学的头脑、艺术的兴味和改造社会的精神。

十　陶行知先生欢迎清华学子操震球

操震球,字震球,号真求,1902 年农历九月初十生于安徽怀宁县万福桥孙家村的一个没落地主家庭。他 7 岁上私塾,后就读于怀宁县高河锁高级小学。因家道中落,无力供他上中学读书,便考入安徽省第一师范,习工本、图画,后由操氏祠堂公田出资资助,就读于上海浦东中学。1925 年,一举考入清华大学教育心理学系。

1927 年 3 月初,操震球在南京神策门外的燕子矶小学,见到了陶行知先生。这次见面,他们事先是通过信的。陶先生当时在中华教育改进社主办的

《新教育评论》杂志上发表了一系列论文和计划,要创办晓庄师范,改革乡村教育。操震球对此深表赞同,当时操震球是清华大学教育系二年级学生,因此他给陶先生写了一封信,表示愿意到晓庄学习。

陶先生回了一封信,以其优美的文笔、诚挚的态度,说明晓庄生活是十分艰苦而又十分有意义的,并把这封信发表在《时事新报》上。这件事引起了同学们的惊异,也坚定了操震球去晓庄的决心。于是操震球来到晓庄,投奔陶先生。

操震球先来到了燕子矶小学,陶先生热情地接待他。当时的陶先生穿的已经不是西装,而是长袍,面色也显得黝黑。

3月15日,晓庄学校在一片荒地上举行了开学典礼,也搭起了临时帐篷。学生13人,和指导员都住在帐篷里,大家志同道合,相处十分愉快。操震球开始在晓庄这块新兴的教育园地里寻觅中国教育的曙光,成为晓庄师范的第一期学生。在这里,操震球认识了蔡元培、朱葆初、秉农山、陈鹤琴、赵叔愚、许士驻、吕流楼、邵仲香、丁桂中、于振声等著名专家学者,他们都集合于陶行知中国教育改造的旗帜下。操震球以探求真理的精神,向陶行知先生请教教育的真谛。打开《陶行知全集》第二卷,《答操震球之问》《生活即教育——再答操震球之问》《社会即学校——三答操震球之问》,这师生之间的一问一答,真实地再现了师生之情,而操震球正是从陶行知先生的回答中领悟了"教学做合———是全人类教育历程之真相";明白了"生活即教育是叫教育从书本到人生的,从狭隘到广阔的,从字面的到手脑相长的,从身体到身心全顾的";了解了"社会即学校",知识分子可以拜工人、农民等一切人为老师,来改造教育,改造社会。1928年,国立浙江大学因师资短缺,决定办湘湖师范,特邀陶行知先生推荐校长,陶行知先生推荐操震球出任。8月,陶行知为操震球赴湘湖师范亲书3副对联——"以社会为学校,奉万物作宗师""以教人者教己,在劳力上劳心""和马牛羊鸡犬豕交朋友,对稻粱菽麦黍稷下功夫",勉励震球及校友。

1930年4月,国民党政府强行封闭晓庄师范,有的学生被杀害,陶先生也遭到通缉。操震球离开晓庄,回到安徽老家,在开明绅士查尧明的资助下,同晓庄师范学生查淑冶一道,在同心村创办了莲花庵小学。1932年应陶行知先生之邀,操震球任上海工学团指导员,结识了张劲夫等中国共产党人。1935年,操震球经陶行知先生介绍任池州师范教务主任兼附小校长。

1936年,操震球又约晓庄校友程今吾(新中国成立后曾任北师大党委书记兼副校长)、陈韦(新中国成立后曾在中央卫生部工作)等人来池师任教。

操、程两位先生在学生中公开指责国民党的不抵抗主义,宣传抗日救亡。根据当年学生汪亦伦、章难生回忆,操震球稳重、朴实,在学生中威信甚高,有一定的号召力。程今吾才华横溢,擅长演讲。今吾先生在校礼堂演讲《帝国主义侵略中国史》时慷慨激昂,声泪俱下,台上台下齐唱《毕业歌》:"同学们,大家起来,担负起天下的兴亡……"人人泪流满面,激起了学生们强烈的爱国热情。操震球一边推进"小先生制",一边深入农村进行社会调查。抗日战争爆发后,操震球一边从事抗日救亡工作,一边不忘乡村教育。曾编著《农民课本》8册,《小学行政处理法》和初中语义课本补充教材4册,还撰写了《火烧圆明园》一书。在池师执教前后的这段时间,是操震球思想转变的重要时期。

晓庄学校的学生做农事

正如他在《和陶行知先生在一起的日子里》一文中写道:陶先生在这一时期思想上的进步、行动上的坚决对我起了很大的教育作用。张劲夫同志对我的教育关怀使我认识了中国共产党的伟大。抗日战争全面爆发,使我看到在中国共产党领导下,全民族团结抗战的英勇壮举,只有这样,中华民族才有希望。从此我跟着陶行知先生走上了抗日救国的道路。

先生以"汗、血、心、生命"的灌溉,使一根根幼苗都长成了参天大树。陶行知先生说:"教师的成功是创造出值得自己崇拜的人,先生最大的快乐,是创造出值得自己崇拜的学生。"

陶行知还有2名学生,董纯才和王琳,因敬佩陶行知先生改革乡村教育的理论与行动,毅然放弃到上海光华大学和上海暨南大学学习的机会,考入晓庄师范,成为首期学生。董纯才1931年开始科普创作;1937年参加革命,同年到达延安从事革命教育工作。1949年后一直做教育领导工作,曾长期担任教育部党组书记、副部长,兼任中央教育科学研究所所长。1927年3月,王琳考入晓庄试验乡村师范。1928年春,经陶行知推荐,到浙江萧山县创办湘湖师范,并任湘师社会改造部主任。后又被邀请创办乐清简易师范并任校长。新中国成立后,参与南京晓庄学校复校工作,先后担任教导主任、副校长,并为筹建陶行知纪念馆花费许多心力。

陶先生的追随者都是"人中人",都成大器。因为先生教人求真,让学生学做真人。真人是具有真知识的人。先生告诫学生要放弃伪知识,探究真知识,具有真品性,做一个真人。先生告诫大家:我们办教育的人,对于儿童,对于青年,对于民众,都应该说真话,不应该说假话。他提出教师要"千教万教,教人求真";学生要"千学万学,学做真人"。

大先生陶行知教人做"人中人","人中人"是独立的人,不依靠别人的人,在集体中生活的人。真的集体生活必须有共同目的,共同认识,共同参与。所以培养"人中人",使人民团结起来,共同做社会的主人,建立一个民主的新社会。

十一 陶行知先生组织别开生面的开学典礼

1927年3月15日,在南京北郊劳山脚下的一片荒野上,南京试验乡村师范举行了别开生面的开学典礼。虽然第一届学生只有13人,但各界代表和附近农民群众如同赶集一般云集荒野。在隆重的开学典礼上,陶行知发表了充满激情的演说:"我们要向传统的教育宣战。今天是我们学校开学的日子,没有教室,没有礼堂,蓝天是我们的屋顶,大地便是我们的屋基。我们在这所伟大的学校里,可以获得丰富的知识。我们这个小的村庄,要与大世界沟通。今天到会的农友很多,他们是我们的朋友,我们要向他们好好学习。"晓庄教育与生活不可脱离,行知先生曾一针见血地指出:"没有生活做中心的教育是死教育,没有生活做中心的学校是死学校,没有生活做中心的书本是死书本。"

开学典礼之后,晓庄师范正式开学,陶行知先生任校长。他以"教学合一"为校训,带领师生用自己的双手盖起茅房校舍,并为大礼堂题名"犁宫",将图书馆名为"书呆子莫来馆",还写了一首《自主歌》与师生共勉:"滴自己的汗,吃自己的饭。自己的事自己干,靠人、靠天、靠祖上,不算是好汉!"

晓庄学校全部课程都与劳动生活有关,院务教学课要求学生自己动手解

陶行知先生在晓庄庆典活动上演讲

决日常生活事务,全校只用一个校工挑水,其余活计,像文牍、庶务、会计、做饭、种菜,全部由学生轮流担任。征服天然环境课要求学生亲自去种田、做木工活。

学生自己动手饲养动物,收集动、植物标本,还深入农村创办小学,并担任教学工作。晓庄学校还设立中心幼稚园,招收农村幼儿;开办民众夜校,教农民识字;办乡村医院,为农民治病;组织晓庄联村救火会和联村自卫团,以预防火灾、防备盗匪;还有晓庄剧社演出话剧等。

先生在晓庄,整天带领大家动手修宿舍、建食堂、挖厕所,自己挑粪、挑水、种田、养猪、养鱼、烧菜、烧饭、擦桌、扫地。教育回归本真,培养真人。

大先生陶行知创办晓庄师范,生活教育理论向实践出发。其办学宗旨:和牛马羊鸡犬豕交朋友,对稻粱菽麦稷棉下功夫。晓庄至此真正成为当时教育界革新的中心,教育改革的策源地,平民教育的实验场。各界人士纷纷来参观学习。一所没有围墙、没有校门的学校,因生活教育实践,在全国乃至全世界具有很高的影响力。

十二 陶行知先生:"晓庄师范就是培养学生吃苦精神"

1927年3月15日,晓庄师范入学新生13人。这一年陶行知先生穿上草鞋,带着学生在劳山脚下耕读,为每一位学生划一方荒地。学生大多来自城市,但热血青年们不怕苦、不退缩。

在开学典礼上,陶行知先生说:"晓庄不同于平常学校,一无校舍,二无教员,校舍是青天,踏的是大地,只有指导员(农夫、茶农、村妇、渔人、樵夫)。"

晓庄师范第一次招生只有十三名学生,后来发展到五百多名学生,有来自全国 24 个省市的学生,陶先生在招生简章中特别写着"少爷小姐请勿来"。招生时要经过考试,除考文化外,还要考四件事:(1) 翻一块地;(2) 能挑粪浇菜;(3) 会做饭;(4) 能交两位农民朋友。陶先生主张师生要和农民打成一片,要有吃苦耐劳的精神。农忙时,陶先生和师生一起帮农民干活,课余时间常和师生一起开荒、挑粪、种菜。学校里勤杂、做饭都是自己动手。

后来不久,北伐战争爆发了,北伐军进入了南京城,陶行知先生组织救护队,帮助战火中的难民打土豪、斗地主,解放农民。

从一开始,晓庄就是以革命精神、战斗姿态出现的。生活教育实践,一开始就是积极的、革新的、实干的,这样才能唤起农民,改造社会,迎接新时代。

陶行知先生说:"揭起革命大旗,飘扬劳山倒,风云啸起处,书呆失魂魄。""老山劳,小庄晓;新时代,推动了;老山劳,小庄晓,咱锄头,起来了;老山劳,小庄晓,伪知识,消灭了;老山劳,小庄晓,士级级,下野了。"

先生在晓庄提出一种全新的民主生活。民主生活有五个方面的规定,其中之一是"自己要说话,也让别人说话,最好是大家商量。自己要做事,也让别人做事,最好是大家合作"。这意味着,民主首要是使每个人独立,在独立基础上合作。新的教育目的就是要让学生养成"自主""自立"和"自动"。中国"所需要的教育是主人教育,主人教育的目的是要教民众联合起来做主人,做自己的主人,做政府的主人,做机器的主人,做大自然的主人"。

大先生在晓庄,特别注重培养"主人"的教育,他特别强调学生自治。"学生自治是学生结起团来,大家学习自己管理自己的手续。"学生自治不是学生个人的自由行动,而是学生结起团来共同治理,大家的事情大家做,大家立法,大家共同遵守。

大先生在晓庄,大事情都由师生共同参与讨论决定,不管遇到什么困难,大家共同应对、共同解决,大家始终充满着革命的乐观主义,真正创造了一个崭新的世界。

十三　陶行知先生在晓庄与牛同铺

1927 年正月初四,晓庄学校举行校舍奠基礼。

前一天,陶行知先生就下乡来了。可是,校舍还未建成,陶行知先生住在哪儿呢?燕子矶小学校长请陶行知先生住在他的家里,陶行知先生觉得太麻烦别人,于是就谢绝了。

陶行知先生走到了劳山脚下的一间茅屋前,一位中年农民蹲在地上修锄头,屋后他的一个七八岁的孩子骑在牛背上玩耍。陶行知先生问:"陆大哥,我借你的牛棚住一夜,房钱照付,好不好?""牛棚又冷又脏,先生怎么能睡?你一定要住下,我把房间让给你,我们去睡牛棚。""不不不!"陶行知先生连忙说,"这已经打扰你们了。就这么讲定,我和你的儿子陆水根一起住牛棚。"

冬夜,没有星光,周围一片漆黑。没有被褥,陶行知和三个孩子一起挤在稻草堆里。孩子们熟睡了,他辗转反侧,思绪万千,久久无法入睡。

他反复思考着:"我们充饥的油盐米面是从哪里来的?御寒的棉衣是从哪里来的?安居的房屋所用的木头砖瓦是从哪里来的?都是从乡下来的,都是乡下农人的血汗换来的。我们不应当为乡下同胞做点事,为乡下同胞减少些痛苦,增加些幸福吗?"那些年陶行知先生亲眼看见,亲身体会了农民极端贫困的生活,下定决心要"征集一百万位同志,筹集一百万元资金,创办一百万所学校,改造一百万个乡村,从而使得中华民族有一个伟大的新生命"。

以陶行知的经历、身份、学识、地位、能力,回国以后,完全可以和他当年在美国哥伦比亚大学留学的同学一样在仕途上得到发展。他的同学当中,有后来成为国民政府行政院院长的孙科,也有后来做教育部长的蒋梦麟,蒋梦麟也做过北大的校长;还有胡适,他的老乡,也做过北大的校长、赴美公使。他的同学当中,很多人回国以后都是在政府部门任职或者在高校任教、担任校长,或者在地方担任教育厅厅长,他也完全可以这样。事实上,他有很多的机会,但是他都放弃了。他坚持做一切为了人民的教育,依靠人民,办人民拥护的教育。

十四 陶行知先生在"晨会"发表演讲

陶行知先生在晓庄,每天天明,大家都集中在犁宫前举行寅会。开会时间定为15分钟,由师生轮流主持,内容多为前一日的学习体会或当日的工作安排。每日"晨会",成为晓庄师范的一项惯例集体活动。

每日"晨会"最受欢迎的活动是陶先生的讲话,他不断阐明生活教育的理论和方法,言词精辟,意义新颖,令人为之神往。这些言论,之后大多收在《中国教育改造》一书中。身为辅导员的生物学家秉农山先生,也定期来此讲学。

然而 1927 年发生了"四一二"反革命政变,蒋介石叛变革命。白色恐怖下晓庄师范的师生们处境危险,经济来源断绝,四周土豪蠢蠢欲动,伺机叛变。但陶行知先生毫不畏惧,坚定态度。"乡村教育决心为农民服务,别人恐吓不了,炮火不惊!"

一次,先生在"晨会"上,要求学生都要有"农夫的身手,科学的头脑,改造社会的精神"。还作小诗:"人生两个宝,双手和大脑。用手不用脑,饭也吃不饱。用脑不用手,快要被打倒。手脑都会用,才算大好佬。"

陶行知先生的小诗,质朴无华,通俗易懂,朗朗上口,明白如话。其内容爱憎分明,情感真挚,有鲜明的时代感和强烈的针对性,让学生深受教育。

晓庄学校的"晨会"结束后,所有学生进行早锻炼一小时,有跑步、登山、练武术,等等,让"健康第一"的教育思想生根落地。

陶行知深信健康是生活的出发点,也就是教育的出发点。我们深信教师必须学而不厌,才能诲人不倦。我们深信如果全国教师对于儿童教育都有"鞠躬尽瘁、死而后已"的决心,必能为我们民族创造一个伟大的新生命。

十五　陶行知先生作词校歌《锄头舞歌》唱遍全中国

1927 年 11 月 9 日,陶行知先生创作《锄头舞歌》,作为晓庄试验乡村师范的校歌。

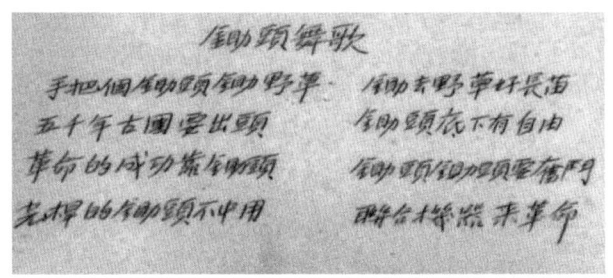

陶行知先生《锄头舞歌》手迹

1927 年,中国人民内有军阀混战,外受帝国主义欺凌,处于水深火热之中。举目所视,到处民不聊生,人民怨声载道。从美国哥伦比亚大学留学回国的陶行知先生,和许多爱国进步知识分子一样,不满国民党反动派的腐败统治,决心到农村去,试办乡村教育,以唤起农民觉醒,改造旧中国。他在一首《锄头舞歌》中写道:手把个锄头锄野草,锄去野草好长苗,咿雅嗨,呀荷嗨,锄去野草好长苗呀,呀荷嗨,咿雅嗨。五千年古国要出头,锄头底下有自由……天生个孙公做救星,唤起锄头来革命,革命成功靠锄头,锄头锄头要奋斗,光棍锄头不中用,联合机器来革命。

这首《锄头舞歌》是陶先生当时按晓庄农村山歌曲调写的,末尾一段是在1920年晓庄学校被国民党封闭后增写的。这首《锄头舞歌》就是他当时决心唤醒农民起来革命的进步思想的写照。

陶行知先生怀着改造中国的决心,毅然辞去东南大学教务长职务,脱下西装革履,离开城市,满腔热忱地来到农村创办乡村教育。每当太阳从东方升起,陶行知先生便带着全校师生齐集犁宫前的操场上,引吭高唱《锄头舞歌》。

在那黑沉沉的蒋家王朝统治下的中国,野草丛生,疮痕遍地,民不聊生。怎样冲破黑暗,走向光明呢?陶行知先生以高度的政治觉悟,提出必须唤起广大农民拿起锄头铲除野草,争取民主自由。后来陶先生又进一步认识到光靠锄头起来革命不行,还必须联合广大工人共同起来革命,才能粉碎封建统治阶级套在人民头上的锁链,取得革命的彻底胜利,陶行知先生因此写下了锄头舞歌第五节:"光棍的锄头不中用啊,联合机器来革命啊!咿呀嗨,呀嗬嗨,联合机器来革命,呀嗬嗨,咿呀嗨。"《锄头舞歌》,不仅晓庄的师生会唱,南京农民会唱,而且很快在全国传播开来,"锄去野草好长苗呀",激昂的歌词,震惊了蒋家王朝,震撼全中国。

1936年7月,陶行知以国民外交使节身份前往欧、美、亚、非宣传中国人民的抗日救亡主张,发动侨胞共赴国难,争取世界正义力量援助中国的抗战事业。1937年12月6日,陶行知征得杜威博士同意草拟《杜威宣言》,并征求甘地、罗曼·罗兰、罗素、爱因斯坦联名,于12月8日共同发表宣言:支持中国抗战,谴责日本侵略,呼吁对日禁运。这一宣言产生了世界性影响。临别美国时,先生高唱《锄头舞歌》,震撼国际舞台。

陶行知不顾旅途劳顿,出访欧美28个国家和地区,宣传抗日救国,揭露日本军国主义罪恶,争取国际援助,力争侨胞支持。特别是在美国期间,他代拟起草的《杜威宣言》,获得了杜威、罗素、罗曼·罗兰、甘地、爱因斯坦等多位世界名人的联名签署,在国际上引起了巨大反响。

大先生陶行知甘愿为抗日救国事业献身。在国难当头之际,他挺身而出,呼吁团结抗日,他与沈钧儒、章乃器、邹韬奋等人,联合发表了《团结御侮的几个基本条件与最低要求》,得到了毛泽东的亲笔回复。

十六　陶行知先生提出"自己的房子自己建"

1927年3月15日,是晓庄学校开学的日子。师生们在劳山脚下的一块空地上,搭起了四座帐篷,又用木板搭起高台,向农民借来一张八仙桌、几条长凳,会场布置得十分简朴。

典礼结束后,陶行知先生在一户农民家的牛栏旁摆了几张八仙桌,用青菜豆腐招待了来宾。晓庄学校开学时,还一无所有。因为没有校舍,陶行知先生在参加学校的立础礼时,住在一位姓陆的农友家中。条件很苦,陶行知却不以为意,他幽默地说:"打地铺,睡在稻草上,暖和得很,比钢丝床还有趣。"在家信中,陶行知还卖起了关子:"我们六个人睡在一铺,还有一个你们猜是谁?你们怕是猜不着,待我说来。他是一条耕田的水牛,睡在我们旁边,脾气很好,也很干净。第二天教育厅长到了,陪客的也是这位牛大哥。"

就这样,在师生们手中,晓庄学校渐渐有了模样。远远望去,大大小小的建筑散落在田野山谷之中,后来有犁宫(大礼堂)、桃花村(女生宿舍)、食力厅(餐厅)、书呆子莫来馆(图书馆)、科学馆、美术馆、工厂、中心小学、中心医院、农场等。这些建筑都是就地取材,用茅草搭屋顶,用泥土做砖块砌墙,外面抹上石灰。金黄的颜色与周边的环境、农屋浑然一体,既经济实用,又美观大方。

陶行知教育学生热爱乡村,要学生在农村生根发芽。他给学生写了一首村魂歌:"男学生,女学生,结了婚,做先生。哪儿做先生,东村或西村,同去改旧村,同去造新村。新村魂,旧村魂,一对夫妇一个魂。"

陶行知身教重于言教,求真务实,身体力行,时时处处以身作则,为人师表,真正实现了他"人生为一大事来,做一大事去"的宗旨。先生平易近人,与晓庄的学生们同甘共苦,共同创造美好校园。

十七　陶行知先生和教师、学生一起建犁宫

1927年6月间,在晓庄劳山脚下建立起一座茅屋,一座由土阶和宽敞大

屋子组成的大礼堂,称犁宫。犁宫有六大间,用于办公、招待。陶行知经常在此办公,办公室主任是留法归国的丁柱中。

犁宫由朱葆初先生设计。犁宫成为农民、学生学习与生活的中心,大门柱上,飞金红底,由陶先生亲笔写了一副对联:"和马牛羊鸡犬豕做朋友,对稻粱黍麦菽稷下功夫。"引起国内外不少参观人士的赞美和传诵。从此,全校师生生活起居以犁宫为中心。犁宫右侧辟一间房子作为生物标本陈列室和制作室。秉先生原系清末举人,专心学问,在美国学习生物8年,回国后在南京主持生物研究所。他热心支持陶先生的事业,不但用自己的部分工资,从经济上予以支持,而且带领他的学生曲仲湘先生,到校指导学生学习。陈鹤琴先生在主持鼓楼幼儿园的同时,主动担任晓庄第二院主任,为乡村幼儿教育培养新人才。赵叔愚先生最早与陶行知先生一起共同创办晓庄师范,任第一院长。许士骐先生经常由上海来晓庄指导艺术组的同学学习绘画。另一些专职辅导员如吕镜楼、邵仲香、丁柱中、于振声,都是勤勤恳恳在艰苦的环境中担负起学校的工作,令人永远不能忘记。

晓庄学校的礼堂命名为"犁宫"

犁宫象征着晓庄的师生们要和广大中国农民一起,在中国的大地上,犁尽不平坎坷,犁尽荆棘与杂草,犁出一片长满粮食、开满鲜花的乐土的坚毅精神。

犁宫接待了不少中外知名的教育家。1927年,国民政府成立后,蔡元培任大学院院长。按照大学区制,院长兼教育部长。蔡先生一向积极支持陶先生的事业,10月2日,来到晓庄学校,担任晓庄师范学校董事长。

1927年10月2日,陶行知在犁宫接待了蔡元培,蔡先生的楷书写得好,陶行知先生邀请蔡先生亲手书写陶行知先生编著的18条教育信条:

1. 我们深信教育是国家万年根本大计。
2. 我们深信生活是教育的中心。
3. 我们深信健康是生活的出发点,也就是教育的出发点。
4. 我们深信教育应当培植生活力,使学生向上长。
5. 我们深信教育应当把环境的阻力化为助力。
6. 我们深信教法学法做法合一。
7. 我们深信师生共生活、共甘苦,为最好的教育。
8. 我们深信教师应当以身作则。
9. 我们深信教师必须学而不厌,才能诲人不倦。
10. 我们深信教师应当运用困难,以发展思想及奋斗精神。
11. 我们深信教师应当做人民的朋友。
12. 我们深信乡村学校应当做改造乡村生活的中心。
13. 我们深信乡村教师应当做改造乡村生活的灵魂。
14. 我们深信乡村教师必须有农夫的身手,科学的头脑,改造社会的精神。
15. 我们深信乡村教师应当用科学的方法去征服自然,用美术的观念去改造社会。
16. 我们深信乡村教师要用最少的经费办理最好的教育。
17. 我们深信最高尚的精神是人生无价之宝,非金钱所能买得来,就不必靠金钱而后振作,尤不可因钱少而推诿。
18. 我们深信如果全国教师对儿童教育都有"鞠躬尽瘁,死而后已"的决心,必能为我们民族创造一个伟大的新生命。

18条信条挂满犁宫礼堂的整个墙壁,全文计有260多字,全部用6寸见方的楷书写出来,该费多少心力?当时蔡先生也有50多岁了,没有极大的热情是不易办到的。

国民政府大学院院长蔡元培很认同和支持陶行知先生的事业,且担任晓庄师范学校的董事长。蔡元培在北京与教育人交流,听人传达晓庄学校的盛况,忍不住于1927年10月2日,与高鲁、沈定一一道到晓庄考察。他非常肯定晓庄师范的成就,大加赞扬。一赞晓庄研究农村教育,为农民改革教育;二赞"教法学法做法合一",称是一个重要原则;还把晓庄师范教师的18信条,工工整整用宣纸抄好,装裱后挂在晓庄犁宫墙上。

蔡先生对陶行知先生的为人十分景仰,蔡先生的办学方针为陶行知先生所信奉。蔡先生在北大时也对陈独秀、胡适之兼容并包,任其各抒己见。

犁宫是晓庄学校最大的建筑物,是学校的灵魂,代表学校的精神。犁宫正中挂着蔡元培题写的"双手万能"的匾额,房屋中挂着"18条教育信条"。犁宫的地与墙,是用劳山泥巴做的,房顶用稻草盖,房屋门窗宽大、明亮、简洁、大气,充满中国传统文化的气息。

现在的犁宫,是江苏省陶行知纪念馆,成为陶行知先生的生平展览馆,展示大量珍贵的陶行知的照片、资料。广大教师和学生来参观学习,感受陶行知先生成长为伟大人民教育家的艰辛历程以及为推动我国平民教育事业作出的巨大贡献。陶行知纪念馆,是开展"学陶师陶知行合一,立德树人,不忘初心"主题活动的好地方。

十八　陶行知先生带领学生自建厨房

陶行知先生说:"晓庄学校要以蓝天为屋顶,以大地为屋基,但教学活动不能真的幕天席地,当务之急就是建设校舍。"

陶行知头戴斗笠,穿着草鞋,与师生们一起自建校园。他们先建宿舍,每间宿舍住十一人,谁的宿舍没建好,谁就要住在帐篷里。接着,他们又动手盖厨房。师生们先建成了一座简易的厨房。没想到,一阵风雨,这个简易厨房就塌了。于是,他们决定盖一个更为牢固的厨房。

晓庄学校的厨房是由朱葆初先生设计和监督建造起来的。陶行知先生带领学生和农友一起挑土、运茅草、运砖头,干得热火朝天。全体师生在犁宫的左边山坡上盖起两座芦席棚,其中一座便是厨房,先生称之为"食力厅"。

1927年9月,他们先将做好的四根柱子、一根正梁架好,然后插进泥土,再覆上麦秆。如今的厨房比以往的扩充了四倍。灶是土砖砌成的,烧菜是一座煤炉,旁边还有碗柜。现在那三间敞开的厨房,有四个锅炉,能炒菜,能煮饭,又大又宽,四口水缸备有清水,碗、锅、铲、匙,设备齐全。吃上了在新厨房做的香喷喷的饭菜,师生们特地为厨房举行了"落成典礼"。那天的饭烧得格外香,青菜炒得味更浓,大家微笑着庆祝胜利。

厨房建成后,陶行知先生给厨房命名为"食力厅",教育学生做自食其力的

第一部分 理想信念

陶行知先生与学生一起建的校舍

人。同时成立伙食管委会,成立共同生活委员会,一学年改组一次。

"食力厅"有陶行知先生写的一副对联:"放开肚皮吃饭,打起神气读书。"内容言简意赅,俏皮传神,切中生活,大大激励学生刻苦学习的精气神。

食力厅三大间,简陋实用,设备简单而朴素。

大先生陶行知带领学生一起建宿舍,说明先生要学生做的事,教职员躬亲共做;要学生学的知识,教职员躬亲共学;要学生守的规则,教职员躬亲共守。

十九 陶行知先生自建"书呆子莫来馆"和"黄金世界"

晓庄学校的图书馆叫作"书呆子莫来馆",是陶行知先生带学生一起建的。晓庄学校的学生上午在"书呆子莫来馆"学习,馆内有古今中外书籍,有中外文学家、科学家的作品。

"书呆子莫来馆"这个名字正是出自谢纬棨,他是受了学校招生广告的启发,把书本上的死知识变成生活中有用的活知识,为改造乡村而读书。陶行知先生击节叫绝,说道:"好一个书呆子莫来馆!就叫这个名字。"

晓庄学校的书呆子莫来馆是一个专门收集、整理、保存、传播文献并提供可利用的科学文化进行学习教育的地方。当时学生的课堂时间就在图书馆度过,在图书馆查文献、找资料,它成为大家开展一切学习、生活、劳动和工作的物质基础。书呆子莫来馆用来开展社会生活教育,书呆子莫来馆用来传递科学情报,书呆子莫来馆用来开发学生智力的资源,承担晓庄培养人才的职能。另外,书呆子莫来馆作为一个文化教育的地方,提供文化娱乐,丰富和活跃了学生和农友的文化生活,在精神方面,起到了不可磨灭的作用。

书呆子莫来,陶行知先生倡导大家就是要读活书,活学活用;用活文化实践、实验建设革命;用活的方法,建设一个可歌可泣的社会。

先生本着讲究卫生、减少疾病的宗旨,带领农乡、学生自建厕所,制定了有关卫生措施与办法,确保晓庄文明、卫生、整洁。"教学做"课程是晓庄师范学校的主要实验课程,以乡村生活为中心,旨在加强师范生的实践能力。在总共五大类"教学做"课程中,"征服天然环境教学做"共16个学分,开设的课程中就包括卫生教学做。

陶行知亲自带领学生和农友进行"教学做",厨房建好之后,是自建厕所,在犁宫广场附近,他们在桃林中的一块空地上,挖几个深坑,埋进柱子,架上梁,再盖上芦席,一个厕所就建好了。陶行知先生给厕所起名叫"黄金世界"。自建男、女厕所。厕所落成后,建立完善的卫生管理制度。厕所每天有值日生冲洗,保持清洁。有标语:讲究卫生,人人有责。严禁随意大小便,违者罚款。这一举动大大提高了晓庄乡村的卫生文明程度。

黄金世界是晓庄厕所的雅号,晓庄师生自己动手修建。师生们似乎对厕所情有独钟,这是因为晓庄辟有试验农场,每个学生分配菜地一分,普通农作物地五分,荒山地一亩。这些地分到各人头上,由各人负责耕种,目的是使师生们经常过劳动的生活,受劳动的教育,培养农夫的身手。收获的农产品交学校农场收购,学生可获得一定的收入,解决个人经济困难。

大先生在晓庄,倡导生活、工作、学习都能自动,教育之收效定能事半功倍。所以先生特别注意学生自动力之培养,使它关注于全部的生活工作学习之中。自动是自觉的行动,而不是自发的行动。自觉的行动,需要适当的培养,而后可以实现。晓庄师范学校主要的学习,就是做农人,开荒种地,所有的生活实践,都依靠学生的自动力。

二十　陶行知先生成立社会改造部

晓庄师范特设"社会改造部",由陶行知先生任部长,下设包括卫生股在内的12个股,具体负责社会改造的规划和指导。

中心茶园是晓庄师范的师生们进行农民娱乐教学做的主要场所,活动时间为每天下午3点。晚上7点,师生们轮流下去说书,他们经常讲授卫生知识。打破学校围墙,开展"联村"系列活动。

晓庄小学的校门

晓庄学校没有校门。陶行知先生反对关起校门,将学校和社会隔离起来。他主张晓庄师范的学生应该和附近的村民建立广泛联系,熟悉他们的生活,了解他们的疾苦,与他们联合开展活动。为此,晓庄师范进行了打破学校围墙的实验。

陶行知除了在学校设置一些为村民服务的活动课程,包括联村自治、民众教育、合作组织乡村调查和农民娱乐教学做外,还专门成立了"社会改造部",由他兼任部长,部下设总务、教育、卫生、农林、交通、水利、自卫(救火)、经济、救济、妇女、编辑、调查共12股,具体负责社会改造的规划和指导。

陶行知实施生活教育实践,提出学生想自立,想进步,就须胆量放大,将试验精神,向那未发明的新理贯射过去;不怕辛苦,不怕疲倦,不怕障碍,不怕失败,一心要把那教育的奥妙新理,一个个发现出来,这样学生的实践力才能不断提升。

二十一 陶行知先生成立"晓庄联村自卫团"

20世纪20年代的晓庄地区,因为处在五山两水(紫金山、聚宝山、小红山、北崮山、幕府山、玄武湖、长江)之间,境内岗峦叠嶂,野沃沟多,加上与燕子矶、尧化门等地相连,时常有土匪劫掠。加之北伐军攻占南京后,军阀部队的一些残兵败将在迈皋桥、晓庄附近为匪,他们打家劫舍,危害百姓,弄得人心惶惶、鸡犬不宁。

1927年12月18日,程本海先生写了一篇《迈皋桥被抢之一瞥》,发表在1930年的《在晓庄》合集里,文中提到:"昨晚正举行生活周会时,忽闻枪声隆隆,继以锣声不绝于耳,连喊数声'不得了!不得了!土匪来了,还不预备逃走吗?'赵叔愚院长从从容容地以主席资格很郑重地发言:'好!我们大家不必惊慌,倘若外面的土匪真的来了,我们便把这个会改为欢迎会,招待他们,实行陶行知先生所提倡的土匪教育,岂不很好。'第二天有人从迈皋桥买菜回来,说起昨夜果然有土匪到迈皋桥店家抢劫等事情。事前十天前,迈皋桥街上贴有许多小纸条在墙上,文字欠通,大意为要求刘杨张等五六爿店家缴款三千元,否则不肯干休,谁知昨夜果真来抢劫了。当发现那些纸条时,遂把它撕下来报告公安分局,因为店家向来无组织,公安分局又不负责,只知敷衍了事,以至搁置,没有丝毫办法。大约只有二十多个人光景,大家看见情形不对,急忙去上门板,即在店堂抽屉内掳去三十余元,并且又用洋油烧大门。又据农友李君说道:'途遇二十几个大汉子,有几个似乎拿着手枪,沿着太平门铁路而来,追着我,拉住双手不放,要我引导到迈皋桥,同时以手枪吓我不许声张,当时我怎敢抵抗,只得连说几个"是"字,领他们到盘龙山下即说前面的房屋就是迈皋桥,我得以脱奔回家中告诉大家,赶快把枪预备去对付,一面鸣锣通知大家,立即鸣枪赴援,竟把那些小土匪吓跑了,随即通电话到江宁县政府,政府立即派卫兵三十人来迈皋桥住宿一夜,已于今晨回去,即如此次迈皋桥虽于事前为组织民团曾经开会商量多次,因此,我很希望大家经过一次的刺激,赶快觉悟起来,和衷共济,一致团结共谋自卫之道。'"

迈皋桥接连发生土匪敲诈勒索、带枪土匪深夜袭扰的事件,而当时的首都警察厅却无可奈何。此时,晓庄学校已初具规模,陶行知先生为保乡安民,发动学生,联络村民,由学校发起组织联村自卫团,自购快枪二十条,得到村民的热烈拥护和冯玉祥的指导帮助。冯玉祥曾协调赠送给晓庄旧枪数十支、手榴弹数十枚、子弹百余发,学校在冯玉祥的关心下,聘请前西北军营长尹同山为总指挥,对联村自卫团团员们进行军事训练。陶行知校长亲任团长,起初由共产党员刘焕宗为副团长,后改由共产党员石俊担任副团长,叶刚、胡尚志、汤藻、马名驹等共产党员同志都是联村自卫团的骨干成员。该团成立后,解决了学校创办之初由于局势不稳而饱受溃兵、土匪惊扰之苦,同时也为陶行知对周边乡村进行改良试验、抓赌禁毒,打下了坚实的基础。

晓庄联村自卫团的团员们

联村自卫团由晓庄师范学校的学生和周围乡村的青壮年共同组成。在联村自卫团组织里,根据社会改造事业需要,共同组织了禁毒委员会、禁烟委员会、禁赌委员会等。自卫团团长是陶行知先生,副团长是刘季平。

联村自卫团的用意:一是让农民切身认识到,只有组织起来,才会产生力量;二是让农民学会如何创建组织和运作组织;三是在组织活动的过程中,培植他们民主决策的能力。晓庄师范组织师生和农民开展乡村自卫工作,提高农民的自卫力,援助农民不受欺凌,推动乡村社会走向法治社会,作出了积极的贡献,它对于地方土匪劣绅起到了一定的威吓作用。同时以联村自卫团为平台,建立禁烟、禁毒等组织,努力肃清影响社会治安的不良活动,令村庄重返宁静质朴。对于创建文明健康的乡村社会风气,产生了积极的作用。

二十二　陶行知先生在晓庄开展禁绝烟赌

晓庄学校的师生走进社会,对周边村庄进行调查,发现万寿庵等不少地方存在吸食鸦片的恶习。为响应政府号召,拯救民众于苦海,陶行知协调四方,以联村自卫团等为保障,在四乡掀起了禁毒运动。

希贤在1928年11月30日《救出黑海》一文中写道:"晓庄联村自卫团,也召集北固乡全乡的军政各界,特开临时会议,讨论禁烟问题。决议一夜中间(一日)把全乡沉溺在黑海中的黑人统统救出,做一个大规模的清乡运动,全乡

晓庄联村自卫团在行动

的公安队都气昂昂地荷枪实弹,陆续集中晓庄。陶先生为总司令,把各团队分配为五队,第一队是神策门,第二队是迈皋桥,至半夜,大家才纷纷回晓庄报告。统计一下,全乡的黑店共有三十多爿,黑人救出的不下数百。一方面筹备戒烟药品,设立戒烟局(设在晓庄医院),使得他们有戒烟的工具。还有许多黑人在戒烟期内,不能做工,势将饿死。于是又发起募捐。"因鸦片黑乎乎的,被称为黑面,故而将抽鸦片的吸毒者称为黑人。

学校制定并发布了《晓庄联村自卫信条》《联村自卫团第一号公告》《保乡救国歌》《联村禁烟委员会规程》《拒毒运动计划大纲》《联村禁烟委员会布告第一号》等,将迈皋桥地区的禁毒拒赌运动推向了高潮!

陶行知成立联村自卫队,其目标是一年内肃清土匪,禁绝烟赌。联络各村成立联村自卫军,连同当地公安局和驻军,作联村自卫的设施。专请二团尹营长为训练教官。联村自卫队实施查夜、戒严放哨,限期查封烟馆和赌场,劝诫吃烟。食力厅展示许多烟具,原来是查封烟馆的成绩。净化环境,共建平安、宁静、质朴的村庄。

先生在晓庄的年代,兵荒天灾,常有土匪到村里抢劫,危害农民。同时,赌钱、抽大烟很盛,农民十分憎恶。陶先生根据农民的愿望,发动农民组织联村自卫。这个组织除担任自卫外,还负责禁赌、禁烟。农民深受感动地说:"晓庄师范陶校长,一心为着农民想,发动联村搞自卫,禁赌禁烟有人管。"

大先生陶行知提倡:解放孩子的头脑、双手、脚、空间、时间,使他们充分得到自由的生活,从生活中得到真正的教育。解放学生的头脑,使他能想;解放他的双手,使他能干;解放他的眼睛,使他能看;解放他的嘴巴,使他能说;解放他的时间,使他能到大自然大社会去取得更丰富的学问;解放他的空间,不把他的功课排满,不逼迫他赶考,不和家长联合起来在功课上夹攻,要给他一些空闲的时间消化所学,并且学一点他自己渴望要学的学问,干一点自己高兴干的事情。陶行知带领联村自卫队学生,肃清土匪,禁绝烟赌,让学生做一个对社会有益的人。

二十三　陶行知先生与同事同甘苦共患难

1927年3月15日,是晓庄师范开学的一天。当时,校舍还没有盖,在一个大坟头上搭了一个大帐篷,就在这儿举行了开学典礼。那天,这个平时除农民种田外,什么人都不到的三户人家的小村庄顿时沸腾起来了,聚集了好几百人。有受学校邀请牵着耕牛来参加耕牛比赛的,有为关心子女读书来的,绝大多数是来看热闹的农民。男女老少,敲锣打鼓,唱歌演戏,还有洋戏(当时农民称留声机叫"洋戏"),热闹非凡,这在乡下是从来未有的场面。农民说:"今天小庄这样热闹,把老山的狼都吓跑了。"陶先生在开学典礼上致了词,他说:"今天开学了。我们没有教室,没有礼堂,但我们的学校是世界上最伟大的。蓝天是我们的屋顶,大地是我们的屋基,我们在这伟大的学校里,可以得着丰富的教育。"他还高兴地对农民说:"从今天起,小庄改为'晓庄',老山改为'劳山'。劳山老,晓庄小,小庄破晓了,劳山的农民觉醒了。"

晓庄师范就在这块荒芜的坟茔地上开学了。陶先生说:"我并不反对办学要有一定的物质条件,但反对等一切条件都具备了再干,那样,未免太晚了。"开学后第一件事是盖校舍。他根据农村孩子没地方读书的急需,首先创办了晓庄小学,因为小学是第一个造,取名为"第一村"。后来在一座座小山上陆续盖起了校舍,每所房子都取了名字,有樱花村、桃花村、五柳村、三家村、黄上村。因为校舍都盖在山上,非常分散,陶先生说:"读书不害耕。办学校不应该把农民的好地占用了,妨碍生产。"晓庄学校的校舍有一个共同的特点,都是茅草屋顶,泥巴墙,式样新颖,造价低廉。这些校舍都是在朱葆初设计、技术工人指导下,陶先生带着师生一起动手盖的。

晓庄乡村师范的教师,不称为老师,而称为指导员。其中有一位指导员叫朱葆初,是一位著名的园林建筑工程师,为人很有趣,晓庄学校的全部建筑都是由他设计和监督建造起来的。这年端午节前,建筑技术工人要领款过节,陶行知先生当时筹款也很难。朱先生剪了一节麻绳,请赵叔愚院长夫人交给陶行知先生,并转达口信说:"如果节前没有钱来,就请看这根绳子。"赵夫人真的把这根绳子转给了陶先生。

陶行知看了,写了两首诗,一是:"以人眼观之:绳子一根,性命一条,呜呼哀哉,不了也了。"二是:"以佛眼观之:绳子一根,性命一条,业报相乘,了也不了。"就是这位指导员,在褚玉璞部队败退时,他关心晓庄校舍建筑,借用红十字会服装,下乡工作,给城门口守军发觉了,几乎送掉了性命。后来,由安徽公学校长作了证明,才幸免于难。朱葆初同陶行知先生一样,为晓庄教育事业献身的精神令人感佩。

学校是社会的灵魂,家庭教育是基础,学校教育是中坚,社会教育是延续、补充。特别是学校教育,是连接家庭教育和社会教育的枢纽。校长是一个学校的灵魂。要想评论一个学校,先要评论他的校长。校长与指导员同甘苦共患难,才能树立威信,提高管理成效。

二十四　陶行知先生创建晓庄剧社

1929年1月,田汉率南国社来到南京晓庄,演出了他自己创作的话剧《苏州夜话》《南归》等,在晓庄点燃了话剧的星星之火,受到校长陶行知、青年学生和南京郊区农友们的热烈欢迎。

欢迎会上,陶行知先生幽默地说:"今天,我用'田汉'的身份来欢迎田汉先生。晓庄是农民的学校,农民是学校的朋友,而我们的教育就是为'田汉'所办的。"

听到陶行知如此赞誉,性格开朗直率的田汉也用风趣的语言来回应:"陶校长说是用'田汉'的身份来欢迎我,我实在不敢当。我这个'假田汉'能受到'真田汉'的欢迎,感到非常荣幸。"

南国剧社和舞蹈家戴爱莲女士在晓庄做了多场演出和表演,吸引了广大农民、教师、学生观看,取得了良好的效果。

田汉先生(左三)1929 年在南京

1929 年年初,陶行知先生为宣传"社会即学校"和"生活即教育"的理念,成立晓庄剧社。剧本采用南国剧社部分剧本,除《南归》《古潭的声音》《苏州夜话》等剧外,陶行知先生亲自编写了独幕剧和群众喜爱的凤阳花鼓,揭露了旧社会吸鸦片烟、赌博、缠脚等毒害,倡导男女平等,在晓庄引起轰动,并净化了当时社会的不良风气。

在先生指定下,村组通过悬挂横幅、张贴标语、发放宣传资料、现场讲解等多种形式宣传吸鸦片烟、赌博的严重危害,并将剧社宣传活动带进社区,使禁赌宣传活动做到全覆盖、无死角,形成人人关心、支持和参与禁赌、禁毒工作的良好社会氛围。

通过禁赌和禁毒宣传活动,村组群众纷纷表示将远离赌博行为,拒绝毒品,坚决抵制赌博。这一举措,进一步净化了社会环境,维护了社会稳定。

先生亲自领导剧社,亲自登台演出话剧《生之意志》。在陶行知先生倡导的"走出学校,到社会去"的主张下,晓庄剧社先在南京演出,然后沿沪宁线的城市各演多场,深受广大百姓欢迎。

中共地下党认为晓庄剧社是宣传、发动广大群众的好方式,石俊、叶刚、郭风韶、谢纬启、姚爱兰等都成了剧社的积极分子。袁咨桐写了一个剧本《玫瑰花》,愤怒地控诉了社会的黑暗和不平等,剧中人物悲愤地诉说:"劳苦大众自己织了布没衣穿,自己种了田没饭吃,自己盖了屋没房住,为什么?因为他们劳动所得的一切都被他人强占了,都被贵族、财主、资本家强占了!这是多么不平等呀!"在另一个学生创作的剧本《起来》中,剧中人大声疾呼:"起来!我们要唤起全世界的被压迫者,来抵抗对我们的压迫,打倒我们的敌人!光明的

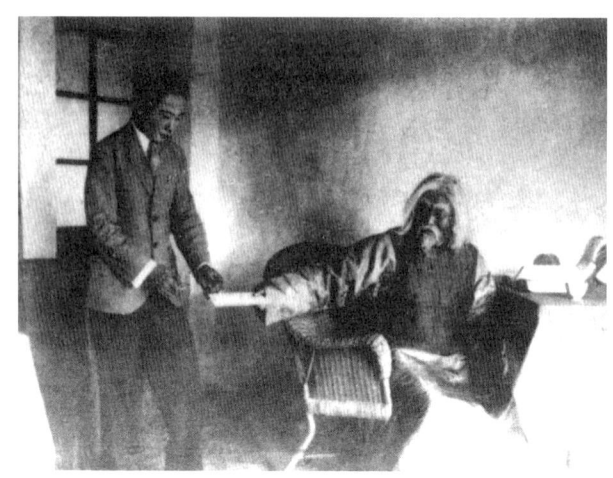

陶行知先生与学生谢纬启同台演出话剧《生之意志》

世界,就在前面!"这些剧曾到外地演出,对群众有着强烈的教育、鼓动作用。因为演的多是悲剧,不少观众感动得流下眼泪,当时的报纸评论说:"晓庄剧社赚了许多观众的眼泪。"

大先生在晓庄,要求学生读活的书,不要死的书;要真的书,不要假的书;要动的书,不要静的书;要用的书,不要读的书。总的来说,我们要以生活为中心的教学做指导,不要以文字为中心的教科书。晓庄剧社的学生走进社会生活,自编自演,反映人民的心声,得到老百姓的充分肯定。

二十五　陶行知先生:"人人有面包吃又有水仙花看"

《乡村教师》刊物:1930年2月1日由陶行知先生的中国乡村教育先锋团创办的教育周刊,办刊宗旨为促进乡村教师之间的交流与沟通,以实现"小的村庄与大的世界沟通"。陶行知为编委会主任,方与严为总编辑。

陶行知题写《乡村教师》发刊词:"假使你有两块面包,你得用一块去换一朵水仙花;因为面包是身体的粮食,水仙花是灵魂的粮食。"这是再好也没有的人生观,可是当时中国的农人和乡村教师只有一块面包,换一朵水仙花,肚子就得挨饿,不换水仙花,精神又要枯萎,怎么办呢?陶行知先生的回答是:"每一个人的心里,都有一种力量,分散的时候,如同一点点的小雨,连喝也不能止;合起来,力大无穷。"

广大农人和乡村教师追求一种有水仙花看又有面包吃的生活,是多么美好的物质与精神生活!培养教育人和种花木一样,首先要认识花木的特点,区别不同情况给以施肥、浇水和培养教育,这叫"因材施教"。其实教育就像培育水仙花一样,孩子缺少水分,教师给予浇水;孩子缺乏阳光,教师给予阳光;孩子缺少营养,教师给予营养,只有这样,孩子才能茁壮成长。

大先生在晓庄,具有高尚的情操。他深入人民大众之中,引领人民大众进行生活教育的实践,不断前行与进步。陶行知先生全身心地投入中国教育实践与变革,不断践行他的教育救国梦,实现教育改造社会生活的远大理想。

陶行知先生的理想信念就是人民至上,为人民办教育,改造乡村生活。先生36岁,人生最强时刻,来到晓庄,怀着改造中国社会的决心,毅然辞去东南大学教务长的职务,脱下西装革履,离开城市,满腔热忱地来到乡村创办教育。

陶行知先生出生在安徽歙县,这里古称徽州,徽州人能吃苦,被人戏称为"徽骆驼"或"绩溪牛"。陶行知说:"吾乡称绩溪人为'绩溪牛',人以为辱,我以为尊敬。"陶行知也终生对牛怀有敬意,在他身上传承了徽州人世代吃苦耐劳的精神。

陶行知36岁,正处强壮之年,遇到事情能明辨不疑,但是不入仕途。先生心怀理想信念,历经千辛万苦,百折不回,创办晓庄学校,成绩喜人,精神可嘉。

陶行知先生认为:乡村学校是村庄的灵魂,乡村的精神寄托在乡村学校,乡村文化的传承依靠乡村学校。陶行知先生说:"我们深信乡村学校应当做改造乡村生活的中心,乡村教师应当做改造乡村生活的灵魂。"学高为师,身正为范。陶行知先生办学过程中,千教万教,教人追求真理、追求知识;千学万学,教人学做品行端正、对社会有用的人。

陶行知之所以被称为大先生,就是因为心里有大爱,有崇高的理想信念,值得后人永远学习。

第二部分　道德情操

> *捧着一颗心来，不带半根草去*

习近平总书记强调：要把师德师风建设摆在首要位置，引导广大教师继承发扬老一辈教育工作者"捧着一颗心来，不带半根草去"的精神，以赤诚之心、奉献之心、仁爱之心投身教育事业。

"做好老师，要有道德情操。老师是学生道德修养的镜子。好老师应该取法乎上、见贤思齐，不断提高道德修养，提升人格品质，并把正确的道德观传授给学生。"作为教师，最高的道德品质就是爱国。陶行知站在天昏未尽、黎明将至的历史交汇点上，他以忧国忧民的精神思考了"教育与救国"的时代命题，强调教育的平民性、普适性，期盼普罗大众体脑并用，以获得物质与精神上的双重满足，进而实现解放民族、大众乃至人类的目标。当国家遭遇危难，陶行知不惧个人安危，用"捧着一颗心来，不带半根草去"的精神诠释了一个公民和一位教师崇高的道德情操。

"捧着一颗心来，不带半根草去"出自著名人民教育家、思想家陶行知，也是陶行知先生一生的写照。"捧着一颗心来"，即以一颗赤胆忠心舍弃私利，映照出无私奉献、一心为公的精神品格。陶行知先生留学回国后，便把目光聚焦在乡村教育。他深知"人民贫，非教育莫与富之；人民愚，非教育莫与智之"，毅然决然放弃大学任教的优厚条件，脱去西装革履，创办了中国第一所乡村师范学校——南京晓庄师范，带领学生们自己耕作、自己劳动、自己修建校舍，"为老百姓服务，我们吃草也干；为了苦孩子，甘为骆驼"。晓庄师范虽然只办了三年就被国民党查封，陶行知先生却始终不渝地为中国平民教育奔波，在波折与坎坷中救中华。甘为生民立命、为万世开太平，这颗心始终为了祖国、为了人民、为了教育。

陶行知先生不仅"捧着一颗心来"，更"不带半根草去"。这是一种不求回报、不掺杂个人私利的奉献，廉洁自律、两袖清风。唯有心底无私天地宽，才能毫无顾忌地将毕生精力奉献给国家和人民；唯有严于律己，才能形成表率和示范，真正无愧于"教师"之称呼。陶行知先生生活俭朴，从不乱花一分钱，节省下来的钱都用来办教育，他把公家一文钱比作公家一身汗，严格家庭管教，就是为了不辜负国家的教育事业。

一　陶行知先生的信条"捧着一颗心来，不带半根草去"

"捧着一颗心来，不带半根草去"是陶行知的经典名言。意思是一个人一生全部付出，不要图任何回报。

先生第一次写此句是在1927年12月，春节前夕，陶先生为晓庄小学的教师写的春联，勉励他们在新的一年扎根乡村，践行平民教育，有所作为。后来陶先生把"捧着一颗心来，不带半根草去"挂在他在晓庄的办公室里。

第二次陶行知运用此话是在吉祥庵小学1928年3月7日开学时。陶先生说：风来了！雨来了！谢老师、韩老师捧着一颗心来了！当时，陶先生突然想到前不久给乡村教师写的对联，用此诗献给吉祥庵的家长与小朋友们。

先生第三次写此句是在1929年6月6日，为发展江苏北部乡村小学教育，陶行知派晓庄师范学生中共地下党员李友梅、吴辅仁、蓝九盛3人去淮安创办新安小学。陶行知写信鼓励师生，要用"捧着一颗心来，不带半根草去"的精神坚持办学。当时陶行知对他们提出了3点希望：一是你们此行淮安，是一支"远征军"。是去创造，是去为农人和儿童谋幸福，不是去享受，凡事要以农人和儿童的利益为前提。二是我们要树起新教育旗帜，同旧传统教育斗争。我们要在教育上革命，办一种革命教育。你们若仍然办传统学校，那就不必多此一举，而晓庄也就不需要这支"远征军"。你们要去开疆拓土，作一种新的教育试验。将来，我们的主张能够在江北发芽、抽条、开

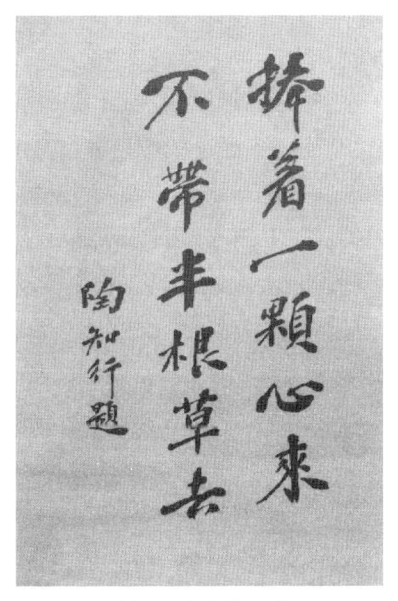

陶行知先生的手书

花、结果。三是你们将学校办起来后,不要看成是你们3人或此外任何1人的私有品。要和当地农人联合,以谋学校之进展。你们要训练当地农人保护自己的学校,也要培植学生们能够办好他们自己的学校。如此,这种新教育的力量才能产生永恒效力。1930年2月,汪达之受陶行知委派,来到淮安新安小学任教,并接任校长。当时的苏北贫穷落后,陶行知先前派来的3位老师实际是3名中共党员,因组织安排,另有任务,陆续离开新安小学。汪达之临危受命,临行前,陶行知手书"捧着一颗心来,不带半根草去",激励汪达之到校后,要与全校师生同甘共苦,想方设法改善生活和办学条件。

　　陶行知先生以"捧着一颗心来,不带半根草去"的赤子之心,为中国教育探寻新路。最可贵的是,他不仅在理论上进行探索,又以"甘当骆驼"的精神,不断践行平民教育,30年如一日,矢志不移,其精神为人所同钦、世所共仰。

二　陶行知先生家的祖传剃刀

　　1934年陶行知母亲去世,他写过一首小诗《吾母所遗剃刀》,悼念母亲。

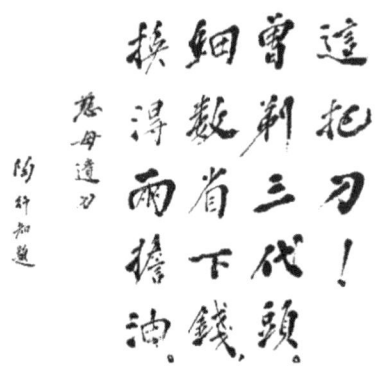

陶行知手书慈母遗刀诗

诗里说:"这把刀!曾剃三代头。细数省下钱,换得两担油。"还在诗后加注:"吾母治家,最为勤俭,连剃头都是她一人包办。这把剃头刀现在是我们最可纪念的传家宝了。"两担油是现在的240斤油。

　　陶行知先生的母亲曹翠仂勤俭持家,亲自下田耕作,种地养家。由于行知的收入都投到了教育事业上,家庭的维持全靠其母亲和妹妹。陶母辛苦劳作了一天后,还替人缝补浆洗衣服以补贴家用。

　　为了省钱,陶母就自己给几个孩子理发。陶行知把母亲使过的剃刀视为最值得纪念的传家宝,又传给了他的后代,体现先生倡廉践廉、弘扬清廉的好家风。

　　陶行知清廉家风是送给子女最深的爱,是留给子孙最殷实的家底、最好的

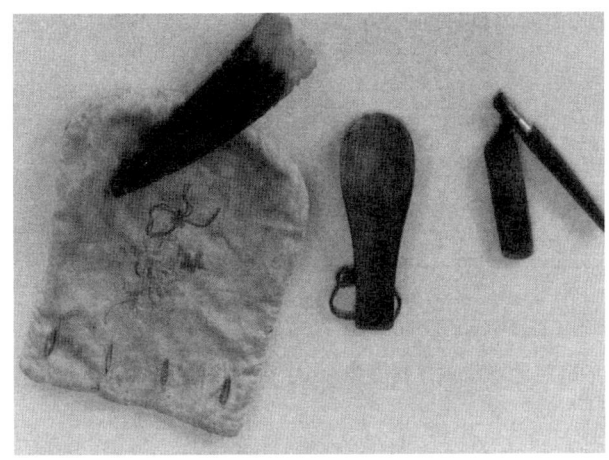

陶行知家祖传慈母遗刀

财富。广大党员干部要向陶行知学习,要身体力行、言传身教,做家风建设的表率,让清廉的基因在孩子的心中生根发芽;广大党员干部家庭要自觉宣扬良好家风,让清正家风薪火相传,让廉洁奉公成为家庭准则。以好家风引领好的社会风尚,助力党风社风向上向善。

风正民心顺,家和万事兴。让我们一起学廉、践廉、倡廉,以德立家、以俭持家、以廉护家,争当廉内助、涵养好家风,用实际行动构筑起反腐倡廉的家庭防线,推进清廉家风建设,共创和谐家庭,共享美好生活!

三 陶行知先生爱家乡的黄山毛峰茶

陶行知先生是徽州歙县人,深爱故乡,徽州好山好水,爱教重教。他对故乡的"土特产"是深知熟稔,视为家珍。歙县是中国茶最重要的产地,对这份家乡的土特产,他一直非常喜爱。陶行知说:"我们徽州的土产本来不错,你看朱晦庵、戴东原诸位先贤,哪一位不是土产?"

茶,在草木之间,茶是将人与自然融为一体的圣物,令人身心柔软、宁静和从容。在中国,茶被称为百病之药,陆羽《茶经》将茶文化推向极致;喝茶,成为中国人独特的民族传统文化。陶行知爱喝茶,尤其喜欢家乡的毛峰。他说:"黄山毛峰茶是家乡的土产,我们徽州人是没有不喜欢喝徽州茶的。"他专门写了《毛峰茶诗》介绍徽州黄山毛峰:"茶吞黄山云雾质,水吐漕溪草木香。来客

陶行知的出生地徽州歙县黄潭源

若是玉川子,多喝一碗又何妨。"陶行知特别向世人推介:"欢迎大家来登黄山,游练水,凭吊朱晦庵、戴东原。"

徽州歙县黄潭源出了个大先生陶行知,先生生在那个风云变幻、战乱频仍的年代,美丽的徽州故乡、贫苦坎坷的求学经历、徽州文化的浸润熏陶、为中华平民教育的艰苦奋斗,让陶行知对徽州故乡浓情眷念,时时想着为徽州的经济发展出力。

四 陶行知先生:"我的稿费怎么用?"

陶行知是我国近现代的教育家、大先生。他有一句名言:"人生天地间,各自有禀赋。为一大事来,做一大事去。"他非常重视国民教育,认为"教育是共和国的保障",因此,他把毕生精力都投到"教育"这一大事中来。

1923年,他组织了平民教育促进会,编写《平民千字课》,奔波于全国十几个省市,致力于平民教育。他把《平民千字课》作为教材,送到平民百姓家里,劝家家户户都要识字读书。他活动的经费多数都是自己写书得的稿费。

有一次,他得到了1万多元稿费,拿回家锁在柜子里,承担着所有家务的妹妹看见了,问他:"家里有老有小,钱也不多,能不能留1/4给家里用?"

陶行知想了想,温和地说:"我要去南京劳山脚下办晓庄师范,这钱要作为办学的经费。我们家虽穷,粗茶淡饭还能维持。中国有34 000万农民非但没有饭吃,更没有文化。用这钱去办学校,是为农民'烧心香',是尽我们的绵薄之力去帮助他们。你在家里省着点用,算是帮我去办大事吧!"妹妹理解了他,默默地点了点头。

陶行知所得稿费都投到乡村教育事业发展中,真正为乡村教育事业做好事、做实事,让晓庄学生村民有看得见、摸得着的获得感。陶行知是一位充满爱心,充满奉献,与祖国与人民同呼吸共命运的大先生。道德是做人的根本。根本一坏,纵然你有一些学问和本领,也无甚用处,并且,没有道德的人,学问和本领愈大,为非作恶愈大。

五　陶行知先生"面壁思过"

先生在晓庄,制定的校规规定:"不喝酒、不抽烟、不赌博。"他要求全校师生共同遵守,互相监督。

有一天,轮到先生"会朋友"去了。陶行知去陆大哥家帮助犁田,一周来2次,陆大哥把他当自己人,不与他客气,他扶着犁、赤着脚、跟着牛背后走着。犁田笔直整齐。"陶叟(晓庄老百姓称呼陶行知为陶叟),你不像个先生。"陆大哥开着玩笑。"这很好嘛,若想化农民,必须农民化,否则要被你们赶走。""日落西山,干完农事。今天我请你吃好东西!"真的?吃什么?"到家你就知道咯。"陆大哥卖着关子。陆大哥牵着牛,先生拿着犁,踏着夕阳回家。

到了陆家,先生不客气地说:"有什么好东西,快拿出来给我吃,真有点饿了。"陆大哥从屋里走出来,手里晃着一瓶酒说:"请你喝酒。""不能喝啊,违反校规的。这可是我亲自订的。"陶行知先生认真地说,且坚持要走。陆大哥生气地说:"你明明是看不起我,不愿与我做真朋友,喝一点酒,算什么了不得的事。"

陶行知为难地看看桌子上的酒,又看看闷头不响的陆大哥,犹豫了一会,去拉陆大哥的手说:"好好好,就依你吃饭喝酒,做真朋友。"

陆大哥高兴地给陶行知先生斟酒夹菜,两人吃了一个尽兴。

回校,已夜深了,他没去宿舍,走到了反省室。反省室是学生若犯错,自己进来检讨的地方。一学生看见先生,奇怪地问:"你不去睡觉,坐这儿干什么!"

先生说:"我在外面喝酒,违反校规。我在这儿面壁思过。"

陶行知犯了"错误"怎么办?先生的处理方式耐人寻味,按照校规校纪处理,反省室面壁思过,以后不再犯错,可见陶行知是一位有担当的校长。

六　陶行知先生的"两只口袋"

陶行知是一位既有言教、更有身教的大先生,他律己甚严,以身作则。先生是我国近现代探索救亡图存道路众多有担当的知识分子中的杰出代表,陶行知在办学极端困难的条件下,始终表现出对未来充满信心的革命乐观主义精神和不屈不挠的顽强毅力,沉着应对,埋头苦干,经受严峻考验,奇迹般地渡过最艰难的时刻,开创出办学新的局面。

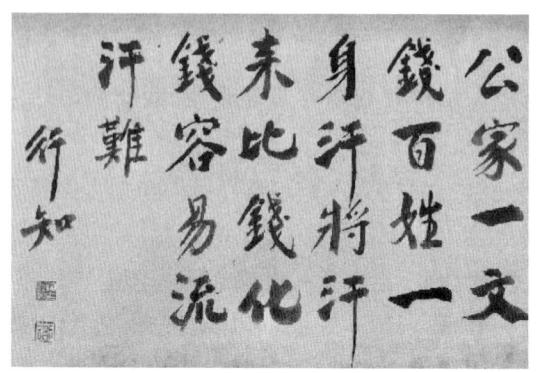

陶行知先生手书"公家一文钱"

陶行知办学是和全体师生赤手空拳办起来的,先生总是东张西罗,左支右绌,有人劝陶行知把学校停办了了算了,但他坚决不答应。陶行知发动全校师生走街串巷,向社会各界热心人士募捐,渡过一个又一个难关。

陶行知带头外出募捐,并宣布一条纪律:募捐来的钱全部归公,在任何情况下,任何人不得借故挪用分文。陶行知先生自己是这样说的,也是这样做的。他的上衣缝有两只口袋,一只袋装公款,一只袋装私款。有一次他到远处去募捐,走访了好多地方,募捐了不少现款,袋里装得满满的。在归途搭车时,忽然发现放私款的那只口袋里一分钱也没有了,他当时就有一个坚定的想法,决不挪用公家一分钱,尽管一天奔波下来,既疲惫不堪,又饥肠辘辘,但仍坚持从十里外步行回校。当师生听到这个消息后,都非常感动,赶到先生的住处慰问时,陶行知亲切地、深刻地跟大家讲起韩非子在《喻志》中所说的一个比喻:"千丈之堤,以蝼蚁之穴溃;百尺之室,以突隙之烟焚。"在现实生活中,小漏洞往往可以酿成大灾祸,千万不要以小失大。陶行知先生就是这样"以教人者教己",在"建筑人格长城"中不留一点空隙。

七 陶行知先生:"学校里谁都不能搞特殊化"

陶行知在晓庄时,学校聘请了一位高姓校工。先生很喜欢这位校工,觉得他虽不识字,却耿直率真,颇有诗人气质。当时曾有人建议解聘该校工,对这一提议,陶行知断然拒绝,并说:"他也是我们当中一个,决不可招之即来,挥之即去。"但是,当听说这位校工不听调度后,陶行知即刻写一信给他,真诚地奉劝他要尽本分、守职责。

先生说道:"我们主张人类平等:校长和校工一律看待,吃一样的饭,一样地要尽本分。校长不尽本分,校长的饭碗便要打破;校工不尽本分,校工的饭碗也是要打破的。"又说,"您倘若诚实到老,尽本分,听调度,帮人忙,和气待人,那您便是我们晓庄理想的校工,也可以说是校工中之圣人,保您有个铁饭碗,永远打不破。您要不信我的话,那便是瓷器饭碗,随时可以打破的。"

在主张人人平等的同时,陶先生很重视培养工友、学生的互助品质,引导学生在说话做事中学习如何商量合作。"自己要说话,也让别人说话,最好是大家商量。自己要做事,也让别人做事,最好是大家合作。互助即自助,一个人如果没有互助的习惯,他在社会上也是断难生存的。"陶行知先生曾在他所创作的一部引人入胜的寓言小说《古庙敲钟录》中,诗意地表达了他对平等互助重要性的认识:"你若是办一个工厂,如果你同时注意到工人之长进的机会与平等互助的关系,便立刻变成一个有意义的工厂了。你若是办一个学校,如果你同时注意到师生之生产的机会与平等互助的关系,便立刻变成一个有意义的学校了。你若是在改造一个社会,如果你同时注意到各分子之生产与长进的机会,便立刻变为一个有意义的社会了。"

1931年,陶行知在《中华教育界》上发表长文,明确指出中华民族及其教育的出路在于平等互助。"不但我们民族的出路是平等的互助,即世界人类的出路,也在平等的互助","教人建设平等互助的世界"是学校组织必须履行的重要使命和责任。

陶行知先生对我国文化传统中根深蒂固的"等级"意识予以批判,提倡人人平等,每个人都享有同样的受教育权利和机会,"我们应当知道民国只有人中人,没有人上人,也没有人下人"。学校里的一切成员,无论教师、学生,还是行政管理人员、后勤人员,都是平等的,谁也无权搞特殊化。

八 陶行知先生写信给校工高祥发

1927年12月,陶行知应河南督军冯玉祥邀请,准备去河南一趟,帮助其规划河南教育,推广部队识字运动。冯玉祥开出的条件很诱人,答应捐一笔钱给晓庄师范。时任河南省教育厅厅长的凌冰和陶行知是美国留学的同学,也力邀陶行知赴河南,哪怕一天也好,而且允诺为晓庄师范建造一座房子作为报酬。

当时晓庄师范初创不久,百废待举,最迫切的当然是经费,能够给学校争取赞助,当然是求之不得的事情。但晓庄师范当时事务繁多,作为校长的陶行知是不便离开学校的。去还是不去,陶行知决定征求教师们的意见。经过会议讨论、表决,多数主张陶行知去河南,但要求期限必须在该月的21日前回校,如果过期,就要处罚。当时正值战事,交通随时有可能中断,这是一个比较苛刻的条件,不过陶行知还是接受了。

12月5日,陶行知与许士琪启程前往开封、郑州等地考察指导工作,帮助冯玉祥及凌冰制订普及军人识字教育计划。12月21日,太阳已经快落山了,大家正在等待先生回来,有人正谈论着:"陶先生不回来了,等着看他回来受罚,多有趣!"

话声刚了,远远就见陶行知笑容满面地在山边出现了,大家欢呼着上去拥抱。陶行知风趣地说:"我想有些人肯定在等着看我受罚的笑话,但这是不可能的,我心里时刻记着期限呢。你们看,太阳不是还在天上吗?"当年以学生资格从事生活指导部考核股工作的方与严也回忆说,陶行知平时离校都要向他请假。如果因事进南京城偶尔忘了请假,一定在路上请人帮他补请假。

按时赴约、按时回校与有事请假,初看不过区区小事,但对于人与人之间的交往来说,则是大事。"人无信不立,业无信不兴,国无信则衰。"陶行知深知此理,因此带头践行,遵守校规校纪与约定。

先生在办晓庄学校期间,全校只有一位工友叫高祥发,他是山东人,年约30多岁,为人爽直、乐观,负责担水、做饭。陶先生很喜欢他,但他也有缺点,不大听话。陶先生在这次赴河南时,在下关码头特地写一首词寄给老高,表明他对工友的系念。词为:"无语泪汪汪,涌出愁肠,千珠万滴赴长江。谁在矶头汲去了,挑到晓庄?洗手作羹汤,无限思量。"同时劝老高服从学校纪律,听大家的劝告。可见陶行知先生对全校工友和学生之间的团结十分重视,思想工作做得很细致。

先生谢绝担任河南省教育厅长。1927年3月,陶行知先生在南京晓庄创办第一所试验乡村师范学校,晓庄师范成为生活教育的发源地,当时被称为"世界教育革命的策源地"。晓庄师范创办初期,条件艰苦,时任河南省督军的冯玉祥非常敬重陶行知,先是电请其出任河南省教育厅长,陶行知谢绝了。到了年底,冯玉祥又打来电话,再三请求陶行知去一趟河南,帮他规划一下河南省的教育以及怎样推动部队的识字运动。为了请动陶行知,冯玉祥送了一个"大礼包":只要陶先生去河南,哪怕只有一天,他也一定为晓庄师范盖校舍。当时陶行知学校的事情堆积如山,本来不打算去的,但是,先生与冯玉祥是谈得来的好朋友,在许多场合曾帮他说话;再加上晓庄极缺经费,冯玉祥能给学校盖栋房子,也是件美事。于是先生向全校请假,由全体师生表决。表决结果是:同意校长赴河南,但返校期限为12月21日,否则要受罚。民国时代交通不便,社会又很混乱,陶行知12月初登程,花了八九天时间才到郑州,11日晚7时才坐上去开封的车,12日方进开封城。陶行知当日便开始替冯玉祥做了一番规划,第二天便托冯玉祥办理回晓庄的交通手续。12月21日黄昏,经历路上数日的辗转跋涉,陶行知如期回到了晓庄学校。见校长如此守信,师生们欢呼着跑去迎接他。

陶行知校长成为"靠谱校长",就是校长答应的事完全不用操心后续,因为大家知道他肯定能落实,就算没办好,也能及时给你一个回馈,这就叫靠谱。先生在晓庄,面对问题,凡事有交代,件件有着落,事事有回音。

九 陶行知先生创办晓庄中心小学

晓庄学校中心小学有八所:晓庄中心小学、吉祥庵中心小学、万寿庵中心小学、三元庵中心小学、和平门中心小学、黑墨营中心小学、燕子矶小学和尧化门小学。前六所是晓庄学校创办,后两所是晓庄学校的特约小学。晓庄学校创办的六所中心小学,在1930年晓庄学校被封后,只有晓庄中心小学存续下来,其他五所随着晓庄学校被封而停办,两所特约小学一直延续了下来,而且一直是江宁县乃至全国的模范学校。

1927年2月开始,陶行知带领师生在晓庄周围快速创办和协办小学,其中第一个创办的是晓庄中心小学。南京北郊老山脚下的小庄,冬天的严寒已经消除,雪已融化,刺骨的寒风也缓和了,大地已长出新绿。这一天,一位身穿白色长袍,头戴瓜皮帽,戴一副黑框眼镜的先生来到这里,他就是陶行知先生。早在1925年,他就提出"师范教育下乡运动",并绘制出心中蓝图:"筹募一百万元基金,征集一百万位同志,提倡一百万所学校,改造一百万个乡村。"今天,他就是为了实现他的"心中蓝图"来到小庄为他心目中的学校选校址。这里田野平旷,空气清新,前能眺望紫金山,背则紧靠老山。山上花草丛生,山下溪水潺潺,一派美丽的田园风光。一同前来的朋友赵叔愚夸赞道:"陶先生,你真选到了一块好地方,南京北郊的中心,很有诗意!"

南京北郊晓庄地理位置

1927年3月5日,晓庄中心小学开学,陶行知亲自设计教学内容,课程广泛,其目的就是促进孩子们全面发展。

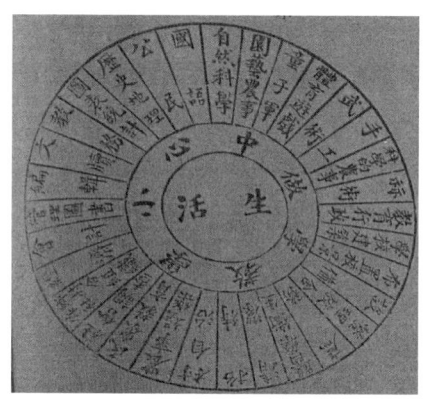

陶行知先生设计的晓庄小学课程

1928年10月16日,在《乡教丛讯》上,遗尘先生在发表的《晓庄学校中心小学第一成绩展览会的经过》一文中写道:"晓庄共有八个中心小学!特约的是燕子矶小学、尧化门小学,自办的是晓庄小学、和平门小学(即神策门小学)、万寿庵小学、吉祥庵小学、黑墨营小学、三元庵小学。"陶行知先生及同事们和学生们,在短短的一年半中,先后创办了6所中心小学,特约联办了2所中心小学,协办 1 所小学,且创办的小学,均由试验乡村师范学校派出一位指导员,和一位师范生前往。而其中和平门小学(即神策门小学)、万寿庵小学、黑墨营小学、三元庵小学均在迈皋桥,分别对应的地点是 1949 年后迈皋桥乡的安怀村、万寿村、黑墨营、窑上村。由于条件限制,小学创办之初,往往要与地方展开各种妥协。

晓庄中心小学在晓庄师范创校前 10 天,即 3 月 5 日开学,学生有 32 人,陶先生把创校的宗旨定为:"顺应儿童个性、乡村社会需要,施行适当的教育,并慎重试验小学教学做,使试验乡村师范学生得到正确的结果,为乡村教育尽实施提倡之力。"

先生试行新的实习办法。为了使学校实习顺利进行,陶行知先生设置了一批中心学校。中心学校与晓庄师范的关系,不是传统的附属关系。中心学校是主,晓庄师范是从;中心学校是太阳,晓庄师范是月亮。晓庄师范根据中心学校的要求设置课程,中心学校需要什么就教什么。学生经常到中心学校里去,在中心学校教学做合一。

学生在晓庄学习,成绩合格,发给修业证书,服务半年,经过考查,确能按照生活教育原理和晓庄师范精神办学者,发给毕业证书。但入学时程度不同,颁发的证书各异,"初级中学程度学生给予初小教师证书";"高级中学程度学生给予高小教师证书";"大学程度学生给予师范学校教师证书";"各级教师证书之外依据特殊才能表现加给各级校长及乡村教育辅导员证书"。

当年的晓庄小学原址就是现在的南京国际实验小学所在地。现在的晓庄小学 2018 年 3 月复校,坐落于燕子矶新城寅春西路 99 号,是燕子矶新城金融和商业的中心地带,交通便利,地铁 1 号线、6 号线、7 号线均在旁边。占地面积 53 亩,总建筑面积 28 501 平方米。

陶行知创办晓庄中心小学,亲自设计生活教育课程,其目的是实施活的人才教育,不是灌输知识,而是将开发文化宝库的钥匙,尽我们知道的交给学生,让小学生"德智体美劳"全面发展。先生设计的课程表有现实意义,值得借鉴。

当今,"双减"政策背景下,就必须着眼建设高质量教育体系,强化学校育人主体地位,回归立德树人初心。要回归立德树人初心,就必须聚焦减轻作业负担,全面缩减中小学生的作业总量和作业时长,立足学生身心健康。要回归立德树人初心,就必须聚焦规范校外培训,整顿校外培训乱象。要回归立德树人初心,就必须聚焦学校主阵地,提升学校教育质量。对学校而言,"双减"政策要求义务教育阶段学校减轻学生的学业负担,提高课堂教学质量,作业由量转向质,确保学生能在校期间完成。开齐开足开好国家规定课程,建设丰富多元的校本课程,为学生提供丰富的校内学习课程与学习资源,确保学生在校内学足学好;同时做好课后服务的保障工作。学校课后服务应立足于满足学生个性化、差别化、实践性学习需求,满足学生"作业、实践、扶弱、特长"等多样化学习与发展需求。要回归立德树人初心,就必须聚焦家校社协同,推进协同育人共同体建设,努力形成家校社减负共识,真正让"双减"落实,有效促进学生身心全面发展。

十 陶行知先生常去晓庄学校特约的燕子矶小学

民国时期,在燕子矶脚下有一所小学,那就是著名的燕子矶实验小学。燕子矶实验小学在南京教育史上占有一定地位,其校长更是身体力行,被誉为"扫帚校长"。

燕子矶小学

燕子矶实验小学占地十五亩(部分为山地),它的前身是创办于清朝末年的慈仁小学(燕子矶在清朝时称慈仁乡),最初用一座关帝庙的房屋作为校舍。后来,慈仁乡改称"北固乡",而慈仁小学,则更名为"江宁北固乡第一初级小学"。

1918年,丁超任江宁县第七区第三国民小学(即民国时期尧化门小学的前身)校长,1923年2月1日,调任北固乡第一初级小学校长。丁超担任校长后,便着手对学校进行了改造。他将关帝庙的第三进正屋三间,厢房三间,及第四进三间和厢房,先后改为教室。而砌墙的活、木工的活,全是师生自己动手。经过整理后,学校变得清清爽爽,变了模样。进入校门,左为接待室,右为书报室,里面陈设十分讲究,书报室内有杂志、日报、科学教育书籍、儿童读物等,这些书籍都是校长和教员们掏腰包购买的。不到半年的时间,学校规模就逐渐扩大,引起了社会各界的关注。

有了好的环境,学生也逐渐增多。学校有教员共四人,丁超任校长兼教员,另外还有毛遂之等两名男教员,唯一一名女教员是丁超的夫人。为适应乡村需要,学校开设了语文、作文、语言、算术、珠算、公民、卫生、历史、地理、工艺美术、音乐、自然、农事、村事协助等课程。学校不仅教学生读书,而且还教学生做事,因此丁超校长以身作则,每天他都会拿着扫帚扫地,于是,"扫帚校长"的名字,就这样叫开了。丁校长曾这样说:"我一清晨起来,和我的夫人,每人一扫帚,一粪箕,四边扫地抹桌子,到儿童来了,便开始尽心竭力地教书,一日这样,一年也这样,我的一生也是这样,终老是乡,更无他求。"于是燕子矶小学拥有了出色的教育成果,名闻当时南京的教育界。丁超经常邀请陶行知来指导工作,先生成为这里的常客,两人就成了志同道合的朋友。

1924年7月,半周岁的燕子矶国民学校的庆典活动上,陶行知先生论述了当时燕子矶中心小学的办学现状及未来发展目标,提出:"不但教学生读书,并且教学生做事。"

陶行知先生对这所学校十分赞赏,在1926年11月,参观燕子矶小学后,他说:"我希望全国的小学都有燕子矶小学的办学精神,个个长生不老,个个不

陶行知先生与赵叔愚在燕子矶矶头

断地向前进,向上长。"他还特意写下了一篇《半周岁的燕子矶小学》,刊登在《教育与人生》杂志上。

1928年2月,北固乡第一初级小学更名为燕子矶实验小学。1929年2月,又增设了一所分校。后来丁超校长因工作需要,调到了城里三条巷小学任校长,郭子通任燕子矶实验小学校长,学校也更名为燕子矶乡区小学。

陶行知先生与姚文采在燕子矶江边

抗战胜利后,学校又更名为第九区中心国民学校。20世纪20年代的燕子矶小学,成为乡村教育的成功典范。现在的燕子矶中心小学在南京栖霞区联珠村太平小区内,有着悠久的办学历史。

陶行知要求教师教育中要防止两种不同的倾向:一种是将教与学的界限完全泯除,否定了教师主导作用的错误倾向;另一种是只管教,不问学生兴趣,不注重学生所提出问题的错误倾向。前一种倾向必然是无计划,随着生活打滚;后一种倾向必然把学生灌输成烧鸭。

民国时期,燕子矶小学是实施劳动教育的"好样板",陶行知先生大为赞赏。

劳动教育与德育、智育、体育、美育不同,它是一种复合性的教育,是一般教育到真实劳动世界的中介环节。让"劳动"成为"劳动教育",就是让"劳动"具有"教育性",就是要让劳动实践与德、智、体、美诸素养的培育建立自觉、自然、有机的关联。劳动教育的开展应当与日常教育生活建立全面的联系。让劳动成为一种教育,必须纠正"有劳动无教育"的实践偏颇,而且对全方位开展劳动教育、正确认识和有效建立劳动教育与学生日常生活的关系、防止"反劳动教育"错误思维,学校依据学段与类型实际开展符合教育规律的学生劳动教育内容,具有十分重要的现实意义。

十一　陶行知先生经常去尧化门特约小学

尧化门,是明代外郭十八门之一的姚坊门,后称为尧化门。这是一所名副其实的百年老校,它的前身江宁县第七区第三国民学校,创建于民国元年(1911年),距今已有一百多年的历史。当年的尧化门小学就是现在的南京市栖霞区实验小学。

尧化门中心小学位于晓庄的东面,当江宁县第七区第三国民学校开办初期,系单级编制,开学时仅有学生8人,校舍是尧化门土城头城隍庙的三间破屋。不久,高朝龙先生调任该校校长,对校舍进行了整理,并将屋后荒地开辟为校园。高朝龙当校长后,学校面貌有所改观,学生人数也增加到39人,学校的教育水平也颇有起色。

1918年2月,丁超调任江宁县第七区第三国民学校校长。学校的各项事业逐渐兴旺起来,随后,增加了第二进教室5间,学校规模不断扩大。1919年3月,因办学条件改善,附近农家也乐意将孩子送到学校,学生人数增加到63人。此时,教员人数顿感不足,于是,宋鼎被从燕子矶小学调回第三国民学校充实师资。

1923年3月,江宁县教育局调丁超任北固乡立第一初级小学校长。宋鼎再次被调回江宁县第七区第三国民学校。因宋鼎在北固乡第一初级学校的教学成绩出色,这一次他被丁超推荐,由江宁县教育局任命为第三国民学校校长,而江宁县第七区第三国民学校也更名为"江乘乡立第一初级小学校"。

宋鼎担任校长后,他在前任丁校长苦心经营的基础上,将学校打理得井井有条,面貌焕然一新。学校内新辟了果树园、花卉园、竹园和葡萄园,也新辟了一个种满花草的小公园和一个运动场。学校因此有了知名度,成为附近闻名的乡村小学。由于地处尧化门,人们习惯上称"江乘乡立第一初级小学校"为尧化门小学。

1926年,中华教育改进社社员陶行知,参观了尧化门小学。参观后,陶行知将参观燕子矶小学和开源小学以及尧化门小学的感受,系统归纳提炼,形成了著名的"我们的信条"十八则。

1926年12月25日,尧化门小学迎来了中华教育改进社第二次研究会的召开,陆静山、姚子克、蒋丹铭、丁超、宋鼎、杨声强、乔启明、钟秋荣、孙闰仙、朱少卿、陶行知、王国权、王国荣、王家仁、赵叔愚、江恒源、江希明、夏茂林等39位教育名家,陆续抵达尧化门小学参加会议。宋鼎和尧化门小学,成为乡村教育实践中颇受关注的对象。迄后,热心乡村教育的宋鼎先生,加入了创办晓庄试验师范的行列。

1927年1月1日,中华教育改进社创设之试验乡村师范学校筹备员会议在安徽公学召开,到会代表除了改进社主任干事陶行知、试验乡村师范第一院筹备主任赵叔愚外,两位乡村小学的领头人宋鼎及丁超,也应邀参加了会议。日后陶先生常来辅导讲学,检查指导工作,边学边劳动,形成良好的校园学习环境。

1928年5月22日,尧化门小学教员程本海,将要离开尧化门实验小学,回燕子矶小学。当晚,宋鼎校长召集大家在一起话别。一番交流之后,众人请宋校长谈一谈十余年来的教学经验,宋鼎说:"十余年来小学的生活,可说是酸甜苦辣各种味道都尝够了,说来话长,讲到小孩子的作业,必须以兴趣做基础,如小学生对于一件作业感到有真切的兴趣,那么,所得的成效是显著的,这几天举行卫生运动,小朋友扑灭苍蝇很起劲,便是明显的例子。所以教读书或做算术和其他功课,在可能范围内,也要用各种游戏的方法,比较使他们进步快些。他们为了游戏兴趣浓厚,往往于不知不觉中获得不少知识和技能,这亦是建基在兴趣上,实施教学的一例。"

先生弟子程本海在尧化门小学工作三个月的时间,他对宋鼎校长十分敬佩,后来程本海在其著作《在晓庄》中写道:"尤其你们的校长宋先生的精神和热忱,不但是你们的模范,也可算作我的模范,这是我来到这里最满意的一桩事。"

陶行知先生赞赏尧化门小学。1928年5月30日,上海《申报》刊登一则标题为"陶行知介绍参观尧化门小学"的报道:"南京尧化门小学办法最适合农村生活,其校长宋调公对于真正农村小学教育,实有独到的贡献,安徽代表陶行知以该校设施颇有参观价值,特函请蔡元培议长转达到会员,在可能的范围内,拨冗于闭会后,前去参观,闻远省会员皆拟到该校,作一度参观,再行回省去。"陶行知先生积极推荐参加教育工作会议的代表抽空到尧化门实验小学进行参观。蒸蒸日上的尧化门实验小学,得到了陶行知先生的高度赞赏。

陶行知多次赴尧化门小学指导、参观学习、交流,陶行知先生对尧化门小学出过很多力,派送晓庄学生过来实习,晓庄许多"改造社会"成功的经验在尧化门小学得到推广,开花结果。经过多年的努力,尧化门小学成为乡村小学的教育典型,受到了许多教育机构的关注。众多教育界人士,纷纷前来参观观摩。一天,陶行知先生带领同学们到尧化门小学去宣传乡村教育的重要性。他站在露天向听众演说,讲着讲着下雨了,他的衣服都叫雨水淋湿了,似乎也不自知。由于他演讲深入浅出,幽默生动,听众听得出神,即使衣服淋透了,也不肯离开。

1929年,尧化门小学发生一件大事,就是由学校组织成立了家喻户晓的"尧化新村"。"尧化新村"成立了监察委员会、考试委员会、公安局、特务局、学艺社、娱乐部、卫生局、救火会、小公园、小农场、小商店、体育场等机构,并制定了各机构的规程。在村民的热切期盼下,"尧化新村"与"栖霞新村""燕矶新村"一道,走在了新村建设的前列。当时的尧化门小学,成绩显著,有深刻的借鉴意义,为改革乡村小学,革新乡村社会,积累了丰富的经验。

十二 陶行知先生创办吉祥庵中心小学

吉祥庵小学由所在地的名称吉祥庵命名。吉祥庵这座小古刹,即尼姑庙,建造年代久远,因陶行知办学而出名。其庵建于明朝嘉靖三十五年(公元1556年),内有华光殿三间,佛堂三间,僧院房舍,大门向东,基址三亩,就在如今南京晓庄学院附属小学校园内。

吉祥庵小学旧址

陶行知先生办学时叫吉祥村,因办学需要,将部分庵房拆除改建,两名尼姑迁至北边胜利村土地庙居住。现已建成现代化教学楼和运动场。

谢纬棨校长在吉祥庵小学与学生在一起

先生派他的学生谢纬棨到吉祥庵小学做学校校长。1928年年初,谢纬棨走进南京周边的乡村,给那些付不起学费的乡下娃儿建了一所属于他们的学校——南京吉祥庵小学。开学那天风雨大作,谢老师守在校门口,像老母鸡一样撑着大大的油布伞,把十里八乡赶来的孩子一个个接进教室,自己却淋成了落汤鸡。陶行知先生风趣地点评道:"风来了,雨来了,谢老师捧着一颗心来了!"一天天,在那间狭小破旧的教室里,谢纬棨清朗的讲课声,混着孩子们稚嫩的读书声,形成了一种希望的光芒。

1928年3月7日,陶行知先生参加南京吉祥庵中心小学的开学典礼。他提出教师的教鞭下有瓦特,教师的冷眼里有牛顿,教师的讥笑中有爱迪生。教师别忙着把他们赶跑。老师可不要等到坐火轮、点电灯、学微积分,才认识他们是你当年的小学生。教师要及时把新知识、新技能教给学生,千万不要等到用的时候才教,就已经来不及了。

十三　陶行知先生创办万寿庵中心小学

万寿庵小学由指导员潘一尘、师范生马侣贤在1928年3月8日创设于万寿乡万寿庵村的万寿庵内。

陶行知先生的学生马侣贤在1928年4月15日《乡教丛讯》第二卷第七期《创办万寿庵中心小学》一文中写道:"2月21日,杨效春先生、李君相维,农友陈君金录和我四人复至大象房(村),会见金君铎,他说:'昨日会议过,儿童愿读书的颇多,惟校舍无着,村旁一天主堂,是外国人的,我们没有能力去借,除非在离这里约大半里的万寿庵内,但未同那边村董商议,不知能得同意否? 我们还恐他们怕我是骗他们,于是又请陶校长亲手写一张条约,里面写着有不可毁神灭佛的条文来,他们这就放心满意了。校址择定了,复与潘先生同至万寿庵中,布置一切:旁建一佛龛,将十八尊罗汉安放其上。'由此,原本要在大象房(村)一处创设的小学,变成了办在七村公用庵堂内的较大规模的小学,而且民众普遍支持,入学人数快速提高。开学这一天,虽然天气是阴雨,到的农友却有五六十人,但小学生来上学的却只有七人。但如今附近农民,已渐由怀疑学校而信仰学校,学生现在来上学的,陆陆续续的,截至今日止,已有五十三名了。"这篇文章落款时间是1928年3月24日晚,距3月8日开学仅仅过去了半个月而已。

陶行知先生的学生马侣贤先生在当年9月1日的《出发万寿菴小学之回顾》一文中又写道:"儿童上学便利,都来自下列各村庄:(一)大象房;(二)万寿菴村;(三)小象房;(四)瓜园;(五)季家街;(六)土岗;(七)涂家营;(八)杨家前;(九)椿树庄;(十)五版。"万寿菴村就是万寿庵村,万寿庵村由万寿庵而得名,五版就是迈皋桥五班村。万寿庵小学现在已经不存在了。

1928年3月8日,陶行知参加南京万寿庵中心小学的开学典礼。

先生特别强调:好的先生不是教书,不是教学生,乃是教学生学。教学的关键就是要教会学生学习的方法,方法到位,事半功倍。

十四　陶行知先生创办和平门中心小学和三元庵中心小学

1928年3月26日上午,陶行知参加晓庄学校神策门中心小学的开学典礼,和平门本为明代神策门,国民政府1928年改神策门为和平门。和平门小学由指导员张宗麟、师范生葛尚德在1928年闰二月初五创设开学于和平门外安怀村一所清真寺内。

葛尚德在1928年4月15日《乡教丛讯》第二卷第七期《创办神策门中心小学经过》一文中写道:"神策门房屋异常狭小,且居住人口比其他乡村要密得多,要找一间较宽大适用的房屋充当我们的校舍,那只有神策门外车站对头的清真寺了。我们向清真寺借的房子共四间,三间为课堂,一间为教师寝室及预备室。陶先生演说词甚长,今摘如下:我们预定在这一个月内开办五个小学,现在居然能够一一实现了:一个是吉祥庵小学,一个是万寿庵小学,一个是三元庵小学,第四就是此地神策门小学,再等四五个钟头,老五也要产生了,这老五就是黑墨营小学。"

1928年3月20日,陶行知创设南京三元庵中心小学。三元庵小学由陶行知、王琳在1928年3月18日创设开学于窑上村的三元庵;1928年3月26日,黑墨营小学由邵德馨、李相维利用邵德馨自己的房子创设开学。也就是说,在1928年3月份一个月之内,行知先生推动在迈皋桥地区连开了四所小学。而每一所小学开学,陶行知先生必定亲临现场演讲开校,寄予厚望。

当年的三元庵小学发展成现在的五塘小学。五塘小学创建于1983年,1997年与由陶行知先生早年创办的五所乡村小学之一的三元庵小学合并。

现在该小学以陶行知先生的"让校园变成生活乐园"的教育思想为指导,实施生活快乐教育,全力打造生活快乐校园,构建快乐课堂,开展快乐活动,确立快乐生活发展的目标:乐于读书,勤奋为乐;乐于生活,助人为乐;乐于锻炼,健康为乐;乐于交往,合作为乐;乐于参与,实践为乐;乐于开拓,创新为乐。让教师乐教、会教、善教、教会;让学生乐学、会学、善学、学会。在五塘校园里,学生学习生活天天快乐,天天向上。

十五　陶行知先生创办黑墨营中心小学

1928年3月26日下午,晓庄师范黑墨营中心小学开学。一年以后,晓庄学校的学生毕业了。1928年3月,晓庄师范鼓励师范生在指导员指导下,独立地到附近村庄创办乡村中心小学,每所小学一次性资助开办费40元,每月经常费6元。之后,晓庄师范生通过会朋友等社会活动逐渐赢得农民的信任,先后创办了吉祥庵中心小学、万寿庵中心小学、神策门中心小学、黑墨营中心小学、三元庵中心小学5所中心小学。这5所中心小学,除了黑墨营中心小学外,都是借用庙产办学。在庙产兴学的过程中,晓庄师生充分尊重乡村民众的意愿,娴熟地处理好村校、寺校之间的关系。

晓庄中心小学经过两年的发展,学生数为37人,并无太多增加,这与附近村庄的规模有关。学生的文化程度相当于小学一至五年级,故分成五组。学校导师全是师范生,五人一组,三个月轮换。课程内容有语言文字、自然研究、园艺操作、算术技能、音乐、体育游戏、团体自治等七项,较创校时之五门课程,略有变化。晓庄中心小学各门课程均有指导员一至二人担任指导,师范生二至六人为之助理。这些多为后来创办的中心小学所师法,并逐渐形成一贯的模式。

陶行知的弟子李湘维主持黑墨营中心小学工作,先生把他的著作《中国教育改造》送给弟子李湘维,在封面上写着:"献给单枪匹马创办黑墨营小学的闯将。"并亲笔为黑墨营小学写了校训:"自立立人。"一副对联:"近朱者赤,近墨者黑;尽力所及,尽心所安。"

先生认为:生活、工作、学习倘使都能自动,则教育之收效定能事半功倍。所以我们特别注意自动力之培养,使它关注于全部的生活工作学习之中。自动是自觉的行动,而不是自发的行动。自觉的行动,需要适当的培养而后可以实现。

十六　陶行知先生协办迈皋桥小学

迈皋桥在南京城外的近郊乡野,虽处民国首都大邑,却存续着封建社会的种种弊端。陶行知先生等创校办学的目的,就是要在乡村里实现教育救国、改造社会的根本目标。

1927年2月开始,师生们在晓庄周围快速创办协办了不少小学。其中第一个协办的就是迈皋桥小学。

1927年,江苏省农会致函陶氏,要求他们创办迈皋桥小学。在1927年7月1日《乡教丛讯》第一卷第十三期,季雪云在《协助创办迈皋桥小学》一文中写道:"江苏省农民协会筹备委员会,因为要便利农民运动的进行,所以第一步就创办乡村小学,以乡村小学做农民运动中心。最近省农民协会委钱向志同志在神策门、迈皋桥、万寿山三处,筹设三个模范的乡村小学,并且还要请我们乡村师范学校的同学去协助,后来决定先全力襄助该会筹办迈皋桥小学。"

迈皋桥小学,就在神策门外迈皋桥所在地方,离实验乡村师范学校约有二里半路。这所小学从前已有人办过,因为没有经费及种种问题,所以停办。

陶行知的学生操震球和王琳,可以说天天在迈皋桥小学忙着、干着。自7月1日开校后,就有尧化门小学的毛石琪先生来迈皋桥小学主持一切。也就是说,江苏省农民协会筹备委员会,为了开展农民运动,委托钱向志同志在迈皋桥等三处,筹设模范乡村小学,而晓庄的同志们决定先协助搞好迈皋桥小学,并请到了尧化门小学的毛石琪先生来当迈皋桥小学的负责人。

当年的迈皋桥小学原址就是现在的迈皋桥中心幼儿园所在地。

陶行知强调:集体生活是儿童之自我向社会化道路发展的重要推动力;为儿童心理正常发展的必需。一个不能获得这种正常发展的儿童,可能终其身只是一个悲剧。

十七 陶行知先生派学生去中山门小学任教

陶行知于1927年3月15日,在南京东北郊晓庄成立了"晓庄试验乡村学校",即后来的"晓庄师范学校"。虽然当时第一届学生只有13人,但后来逐步得到南京各界社会代表的关注,加入学校的学生逐渐增加。就在这早期的学员中有两位学员,陈性松(19岁)、丁葆冈(16岁),响应陶行知的"知行合一"的教育思想,在学业未尽时,就一边学习一边开始走入农村进行乡村教育。

1928年下半年,陈性松和丁葆冈选择了南京中山门外紫金山脚下的农村,进行教育实践。1928年的中山门外,当时以种植苜蓿的农户居多,加之当时孙中山先生的陵寝正在紫金山修建中,有大批建筑工人的孩子入学无法成功。陈性松他们就首先开始走访调查中山门外一带农户孩子的教育状况,宣传农村教育的重要性,使得一部分孩子先得以学习。至此农户们对这样的利好消息一时奔走相告,入学孩童逐步增加,同时教育经费、办学地点立刻成为困难。好在这样的困难并没有持续多久,经过先生努力,于1929年3月经"孙总理丧事筹备委员会"协调同意,将拿出5 000元启动资金,以紫金山中山陵为中心,把四周农户的入学儿童集中为六个教学点,成立学校进行普及教育,其中陈性松、丁葆冈所执教的中山门地区被划为以明孝陵"石像村"为中心的学校,视为"石像村中心小学",当时入学学生71人。但考虑没有合适的校址,新校暂时无法建成,就以中山门外首蓿园附近一座关帝庙作为临时校址开始办学,这就是后来的"南京中山门小学"的雏形。

1928年,先生弟子陈性松、丁葆冈就是在这个区域施教。南京中山门小学就是现在的中山小学,地址在南京市秦淮区首蓿园东街9号。

为了"使全中国人都受到教育",陶行知积极投身教育改革,他希望用四通八达的教育创造四通八达的社会,通过生活教育、平民教育的推广以及乡村教育的革新,逐渐建构起完整的生活教育理论,开拓了一种改造中国教育乃至中国社会的崭新路径与方法。

十八　陶行知先生创办晓庄民众学校与成立晓庄乡村医院

1927年6月,晓庄学校依托晓庄中心小学,与中央大学合办晓庄民众学校。这是晓庄师范成立后创办的第一所民众学校。

1928年4月,晓庄师范依托和平门、万寿庵、黑墨营和三元庵等处中心小学,开办了4所民众学校,其中和平门民众学校得到南京市教育局资助,每期补贴经费20元,万寿庵民众学校得到江苏大学区扩充教育部资助,每期资助开办费10元。晓庄师范创办的民众学校,学员是附近的农民,而且多在晚上授课,因此有时也称民众夜校或农民夜校。5所民众学校中,晓庄和和平门两处办理得最好。陶行知先生还在燕子矶创办民众图书馆。

1928年8月,陶行知心系民众疾苦,为解决农民看病问题,他聘请了马绍季先生为卫生指导员,成立乡村医院,解决晓庄老百姓看病问题。

晓庄医院开业的当天,师生们为小学生检查眼病,发现很多小学生都有沙眼。此后,师生们每天都给沙眼患者上药,终于治愈了他们的眼疾。当学生们到农村调查时,他们发现婴儿死亡率竟达百分之六七十,其中很大部分是死于天花。医院给师生讲了一堂防治天花的卫生课,学生们学会了种痘技术,然后挨家挨户给小孩种痘,很快控制了天花的流行。乡村医院免费治病,服务热情,前来看病的农民络绎不绝。在为农民解除病痛的同时,乡村医院开展卫生运动,消灭蚊蝇,预防传染病。晓庄师范周围农村的卫生面貌有了很大改观,还被评为了乡村卫生模范区。

马绍季先生带领晓庄的师生们进行医疗活动,师生们轮流观摩学习,从而掌握一般疾病的诊治方法,这一系列活动就是卫生教学做。在马绍季先生的指导下,同学们能够熟练掌握乡村卫生医院的常见病、多发病诊治技术,并且能熟练诊断处理一些常见病和多发病,他们在工作中严格执行各种工作制度、诊疗常规和操作规程,一丝不苟地接待并认真负责地处理每一位病人,从而在最大限度上避免了误诊误治。他们热忱服务的精神得到了陶行知先生和广大村民、学生的一致好评。

晓庄乡村师范的师生们,在陶校长的带领下,坚持理论联系实际,并为乡村服务,学以致用,用有所成。

十九 陶行知先生为晓庄人解决吃水问题

喝水不忘挖井人,感恩莫忘引路人。晓庄学校的水井,是陶行知先生带领教师与学生一同挖出来的,供师生和周围农友食用,大家为了感恩先生,称之为"陶井"。当年水井的遗址,在现在南京国际实验小学门口附近。

1929年夏,南京大旱。河里水枯竭,塘里水用尽。晓庄村里的人吃水困难,行知先生就将此井献给全村共用。每天清晨,井边挤满了人,有人怕迟了取不到水,有人等着担水烧饭,争先恐后,乱成一团。

一天,80多岁的孤老陈婆婆在井边挤了一个多小时,仍未打到水,她急了,挥舞拐杖要打人,却被挤倒在地,跌伤了腿。陈婆婆在井边号啕大哭,行知先生闻讯赶来,扶起陈婆婆,安慰着。先生高声喊:"大家排队,一个一个打水。"可人们根本顾不上听他说话。

陶行知扶着陈婆婆回去,劝她说:"阿婆,你先回去,以后我每天叫学生送一担水来,您不必日日来打水了。"

先生立即招集"学生用水顾问团"的成员和村民,开会解决这一问题。每户派一名代表参会,村民七嘴八舌议论开了。顾问团中的学生代表说:"每天乱哄哄的,妨碍我们读书,总是要师生来维持秩序。"

陈婆婆发言:"人,晚上要睡觉,井也要休息,晚上不取水,这样水不会断,也不会浑。"

最后,"用水顾问团"主席汇总发言:"对,人要休息,井也要休息,每天下午五时至明晨五时,不要取水,违者罚银一元。充修井用。"每户按房屋东西顺序来取水,每天依次取水。全体村民一致赞同。

陶行知感慨地说:"民主运动以民众切身相关问题为中心,但是没有指导是不行的,用水问题需要相当的指导,再过几天不能解决,恐怕要闹出人命来。"从这以后,"用水顾问团"倡导全体村民爱护水、珍惜水,保护好水环境。由民众来挑选,让人民的实践来检验。

先生十分注意晓庄的环境和卫生。20世纪20年代的晓庄,周边池塘星罗棋布,绿水青山,环境优美。"问渠那得清如许,为有源头活水来。"陶行知先生称,水环境治理是一个大问题,需要一套严密的管理办法。晓庄的学生只读活书,学活知识。陶行知先生专门请专家指导学生在池塘养鱼,保持生态平衡。还专门为池塘清漂治理制定了五项措施。一是强化组织分工,明确工作职责。采取指导员担任组长责任制,组织村民和学生统筹综合治理工作。二是属地管理,明确责任,划包干区。清漂工作划分到各村,严格按照属地管理,进行池塘清漂工作。三是严格检查,定期查看。组长定期或不定期进行巡塘检查。四是集中清理,常态管理。组织多次大规模清漂清障活动,小池塘进行清草清漂。五是"用水顾问团"人人参与,做好宣传、教育工作。标语牌:绿色家园大家建,惜水爱水我做起。由于工作落实到位,池塘水清。

陶行知在他住的池塘前亲手植了五棵柳树,取名五柳村。女生宿舍池塘周围种植了大量桃花,称桃花村。晓庄焕发出前所未有的生机,旧貌变新颜。各村民风淳朴,治安有序,人与自然和谐共生。当时南京市民纷纷前来参观旅游,成为一道亮丽的风景线。陶行知先生创建了一个生态的"晓庄特别区"。

二十　陶行知先生创办全国第一个乡村幼稚园

燕子矶幼稚园是中国最早的民办乡村幼教机构。园址在南京市郊区燕子矶麓。1927年11月在陶行知倡议和领导下创办。江苏省省长陈陶遗为董事长,陶行知为副董事长。陈鹤琴、张宗麟、徐世璧、王荆璞任业务指导和教师。

燕子矶幼稚园在1927年11月第一期招收30名农家子女。其宗旨为建设中国的、省钱的、平民的乡村幼稚园。利用当地的农村环境、花草树木、民歌谚语,向儿童进行生活教育,探索农村教育经验。1930年被迫停办。1927年10月29日,陶行知先生以中华教育改进社名义,公开发表《创设乡村幼稚园宣言书》,表示创办燕子矶乡村幼稚园,就是要革除三种弊病,建设中国的、省钱的、平民的幼稚园。燕子矶幼稚园坐落在长江旁边,依山傍水,风景优美。建筑风格与犁宫相同,操场上有单杠和双杠,曾吸引外国人来参观。

全国第一个乡村幼稚园燕子矶幼稚园旧址

开园典礼上,陶行知致辞说:"农民在农忙之时,对于不能帮助田作之幼稚

全国第一个乡村幼稚园燕子矶幼稚园全景

儿童,视同赘物,此于儿童及其父母,皆有极大损失。乡村幼稚园即所以谋幼稚儿童之幸福,并补助家庭教育之不足。惟吾国幼稚园多犯外国化、贵族化及不经济三病,本园为全国乡村幼稚园之首创者,所以力向中国化、平民化及省钱路上走。"

燕子矶幼稚园开办后,先生相继在晓庄村、万寿村、和平门等三处创办了幼稚园,1929年又派师范学生孙铭勋和戴自俺去创办迈皋桥幼稚园。

二十一　陶行知先生聘请专家指导晓庄蚕桑试验场

蚕桑缫丝,俗称打丝,是迈皋桥重要的传统经济之一。1930年春,陶行知邀请常宗会来晓庄,协助办理蚕桑指导所。常宗会先生是南京蚕桑试验场的主办人,时任国立东南大学农科蚕桑系教授。陶行知先生和常宗会是安徽老乡,又曾经是国立东南大学的同事。

1930年间,常宗会创办"太平蚕种场",由胡蕴华(常宗会先生之妻)任场长,全场有职工和技术人员共20余人,虽然仅有桑园20亩,每年春、秋两季收蚕纸一万多张,获利可观。当时任国民政府代理行政院长的陈铭枢找常宗会帮助办场,常难以推托,就帮他在太平门外办了个"中央蚕种制造场",有桑园约200亩,年产蚕纸也在一万张以上。南京蚕桑要数太平门外的蚕桑试验场规模最大。

当时在晓庄是土法养蚕,产量少、质量低、病害多,所以改良桑种、改进饲养技术成为迫切之事。陶先生看到附近农民去太平门试验场,询问其故,农民告之领蚕纸饲养改良蚕种。陶先生得知养改良蚕种比养土种蚕种每担蚕茧多获利10元,且蚕纸无价供给,还有人指导饲养方法,对此颇感兴趣,便邀请常宗会晤谈,来晓庄宣传推广改良蚕桑事业。晓庄由于推广常宗会先进的养蚕技术,蚕场和当地农户均得益不少,其中蚕场年产改良蚕纸约有10万张,总值在10万元以上,如每张以产茧25斤计算,可产茧2.5万担。农民可收入95万元之多,是当时丝绸纺织业的一项重要收入。

1937年,日本侵华战争爆发,常宗会随机关西迁,太平门外和晓庄各场呈一片萧条凄凉景象,以后就没有恢复了。

二十二 陶行知先生提倡修建和燕公路

晓庄学校学生在陶行知教育理念影响下,学生自然放下身段,和周边的乡村连成一体,下意识地参与乡村建设。晓庄学校开办后不久,就在周围开办了平民学校、乡村医院。"改造社会"的口号,此时已经完全落实到行动中。1928年8月,晓庄师范改名为晓庄学校,此时的它已有8所中心小学、6所中心幼稚园、3所民众学校、2所民间医院、1所木匠店等。随着晓庄气象日新,周边的乡村都以它为榜样,不断有其他村子里的人过来学习。1930年,江苏省民政厅将江宁县北固乡"完全划作实验区,归该校指导进行",以实现"民有、民治、民享"之乡村。

1934年前,晓庄的迈皋桥,属于江宁县。民国时期的和燕路(现在的迈皋桥老街),道路狭窄,高低不平,影响百姓出行。和燕公路不在首都修路计划之中,先生提倡修建和燕公路,特别有意义。

晓庄周围的村道则更窄,土路下雨天更加难走;冬天起风,尘土飞扬,老百姓怨声载道。

陶行知道实际情况以后,提倡积极修路和筑路。他提出设想,到处呼吁。费力很多,但收效很小,其因主要是农民缺乏组织、政府财力薄弱。1928年4月,陶行知先生组织北固乡200多个村的村长在晓庄举行会议,大家踊跃捐资,市政府也大力支持,促成和平门到观音门的大路扩建,两个月即完工,得到当地百姓称赞。陶行知设想若修路得不到政府支持,便以村道通村道为原则,采用分段建路的办法,实行村承包制。让农民参与进来,让农民取得获得感。村道建设过程中百姓有力出力,有钱出钱,分段建路,村村相通,真正方便村民出行。陶行知先生为百姓做了一件大好事情。

二十三 陶行知先生建立联村武术会和联村救火会

武术是中国优秀的传统文化,它拥有消停战事、维护和平的实力。作为中华儿女的生存技能,中国优秀传统武术伴随着中国历史与文明发展,走过了几千年的风雨历程,成为维系这个民族生存和发展的魂、承载中华儿女基因构成的魄。止戈为武,武,是拥有维护自身安全和权益的实力。我们修习武术,是让我们从身到心、由魂而魄得到提升而充满安全感,精壮神足,具有安然自胜的实力。这是中华民族历代沉淀而成、安魂守魄的法宝。

陶行知提倡建立联村武术会,专门聘请武术教员,把练武之人,聚集在一起训练。场面热闹,当时早晚训练有50余人。

1928年3月24日,先生组织成立联村救火会。陶行知爱平民,爱农民,爱工人,爱广大劳苦大众。他爱人类,所以他爱中华民族,所以他爱中华民族中最多数最不幸之农人。他愿为苦难的农民"烧心香",大力倡导乡村教育;他爱天下劳苦大众,愿意终身为他们服务,做人民的"老妈子"。

1928年3月24日,晓庄试验乡村师范发起成立"联村救火会",其宗旨是"本互助精神、预防火灾"。陶行知先生组织成立的"晓庄救火会",成员有40名,主要由晓庄的成年农民及学校的教师、学生组成,分为协同组、水龙组、水钩组、汲水组、纠察组等。

救火会成立后,多次参与晓庄一带的救火活动,并得到了村民的支持。1929年冬天,一村民家中失火,救火会成员全体出动,参与扑救,为居民挽回了大量损失,得到了居民的称道。

救火队,有专门人员、专门救火工具。平时3个大水缸,水天天储存得满满的。山包上设有瞭望哨,一旦发现火情,放哨人敲击铜锣,救火队员带着水桶中的水、面盆里的水,第一时间赶赴火场,实施救火。池塘就是救火的水源,救火员要专门进行训练,每天爬山、围绕操场跑,还要学习专门的救火常识。救火设备学校提供,有师生和农友共同加入,一旦发现火情,迅速赶往救火,效果较好。

1930年4月12日,国民党反动派来封校,山包瞭望哨救火员首先发现南京卫戍司令部派出全副武装的部队,及时把消息传递给师生。师生们能够安全转移,救火员起到了关键的作用。

二十四　陶行知先生组织举行联村运动大会

"健康的身体"是晓庄师范培植乡村教师的目标之一。1928年3月15日,晓庄天气晴朗,环境优美。晓庄师范筹划举办创校一周年纪念活动,举办一场别开生面的与农民生产、生活相关的运动会。参加者有小学部、师范部、大学部、特约 2 所中心小学、5 所民众夜校以及附近村庄的代表们,共有选手 300 多人。项目相当多,有师生武术操、插秧舞、锄头舞、蓑衣舞、挑水竞走、跑山运动。来宾有南京各校校长和教师们,家长们以及村民男女老少,共 1 千多人。尤其难得,国民党元老吴稚晖先生、蔡元培先生偕同杨杏佛先生等都到场观赛。晓庄联村运动会开创了具有乡村特色的农民运动会。

晓庄学校的耕地比赛

真正在田头劳作的农民,是运动会的主体。晓庄师生是参与者,更主要的是发挥了组织者的作用。运动会种种表演多含本地乡间风味,本地农民的劳作生活,就是运动项目,处处都和他们的生产劳动密切相关。联村运动会的目的不是技,其目的在于培养农民的艺术趣味,联络农民的感情,娱乐农民的身心,丰富晓庄文化娱乐生活。

为了农民,陶行知创立农村合作银行。晓庄建校以来,各项建设事业都在积极推进中。晓庄设有农村合作银行。农村合作银行正式挂牌成立,开启了晓庄农信事业发展史上的新篇章。农民银行应运而生,晓庄学校与该行订约,设立了信用合作社,借款给农民,全面服务乡村,振兴晓庄经济。晓庄农村合作银行是由辖内农民、农村工商户、企业法人和其他经济组织入股组成的股份合作制社区性地方金融机构,主要任务是为农民、农业和农村经济发展提供金融服务。组建意义在于,一是满足了经济落后的农村地区的金融需求;农村合作银行金额小、借贷期限长,显示出与农业生产周同步的对应性,对合作金融的探索与创新。农村金融体制改革在"适当扶持,学校负责"的理念指导下,成效显著。

二十五 陶行知先生主持晓庄学校校庆活动

晓庄学校把简陋的茅草屋作为礼堂、教室和宿舍,在这里陶先生和学生一起学习,一起演话剧,一起劳动,一起从事进步运动。

晓庄师范创办一年后,在附近乡村赢得广泛的信任。"学校一周年纪念那一天,附近农村大有农辍耕、工辍业的景象,各村机坊,家家停工一天,因为各个工人都要来参与我们的纪念会。他们有的是赶热闹,也有的是专为庆祝送礼而来的。我们在犁宫里所挂的'爱我农村''新我农村''庆祝晓庄师范周年纪念'这3块匾额,以及其他许多对联,就是附近各个村庄联合送来的。他们送来的时候,都打锣、敲鼓、吹笛、吹笙,一面还放着连串的爆竹。"

世界新教育会议《中国乡村教育运动之一斑》,展示晓庄试验成果。1928年3月15日,晓庄试验乡村师范举行建校一周年庆典,国民党元老吴稚晖先生,大学院院长、晓庄师范董事长蔡元培,大学院副院长杨杏佛等莅会,陶行知发表演说,并陪同诸先生参加庆典活动之一的跑山竞赛。

在1928年10月30日的《乡教丛讯》中,张宗麟在《满了一岁半以后的晓庄》一文中,较为系统和完整地讲述了行知先生及其同志们一年半取得的成绩、正在进行的事业和下一步的工作。社会改造部,现任部长由陶先生兼任,本校暂定南京和平门、上元门、观音门、尧化门、太平门以内为改造区域。最近

1928年3月15日晓庄学校校庆活动场面

工作已着手做的有民众学校、中心茶园、联村自卫团、联村禁烟会、民众报、民众运动场、信用合作社、农民报、乡村医院及调查农村,等等。

陶行知向来宾介绍:"联村自卫。联村自卫是训练农民学生都有战斗能力,预备与我们仇敌开展的,同时也保卫从和平门到观音门一带各村的村民。近来已经开始搜查寄居民间的匪类,做民众自动的清乡运动。最近又严禁鸦片。凡有瘾者限半月戒绝。而烟馆已于日前查封停闭,并焚毁烟土。我们现在努力的事业。中心幼稚园,共三所;自己创办的燕子矶和晓庄二所,又万寿庵幼稚班一所;中心小学八所;民众学校共四所。晓庄和和平门两所已有一年的历史,三元庵和万寿庵也都渐次开办。中心茶园,这是小学教师和农友唯一的好机关,一杯清茶评理话桑麻,那是最好的机会。本校已设晓庄、和平门、黑墨营、万寿庵四所乡村医院;也建设了中心农场、联村自卫团、中心木匠店、信用合作社,等等。乡村无消防,极危险,就创办了救火会,由农民与全校同志做会员,在十里路内之火警,必须奔救。修路,已修的是从和平门到观音门,并拟修其他干支诸路。考虑到农民娱乐,本校因此组织农民运动场和娱乐室,并且常常开娱乐会。"

可见,陶行知先生及晓庄试验乡村师范学校的同志们,并不满足于简单地办教育,而是在办教育的同时,接地气、亲乡民,用无私的奉献精神,践行"教学做合一",改造社会,服务社会。在和平门、上元门、观音门内广大区域进行改造试验,尤其是在极其落后的迈皋桥乡村地区,为执行救国、报国、爱国的人生信念,而进行了一系列的现代改革,快速缩短了迈皋桥地区与城市之间文明的差距,功莫大焉!

晓庄的理想:通过"培养具有康健的体魄、农夫的身手、科学的头脑、艺术的兴趣、改造社会的精神的乡村教师",以实现先生的"改造 100 万个乡村"的宏愿,"为四千万的农民烧心香"。一年以后,成效显著。国民政府大学院院长蔡元培又到晓庄参观,冯玉祥经常来晓庄考察学习。1928 年下半年,蒋介石、宋美龄参观晓庄。1929 年 1 月,田汉南国社到晓庄演出学习。1929 年 10 月中旬,哥伦比亚大学克伯屈参观晓庄并发表演讲:"我现在无论到什么地方,都要宣传在中国的晓庄,有一个试验学校,把这里的理想和设施宣传出去,使全世界人知道。"克伯屈老师赞誉其为"教育革命的策源地"。可见晓庄师范学校在教育界的影响力多么的大,真正成为中国乡村教育"革命的圣地"。

陶行知是人民教育家、思想家,是一位善于听取别人的意见并善于思考的人。他创办的晓庄学校是中国现代学校教育的一个典范,他的教育思想,值得我们深思与研究。

大先生陶行知的道德情操就是"捧着一颗心来,不带半根草去"。

他的一生是为民族、为人民的解放而奋斗的一生;他的为人、治学、处事的崇高道德情操,都是留给我们的宝贵精神财富。

陶行知常说:"道德是做人的根本。"他的道德观是要建筑人格长城,就是说:"作为个人是要养成私德;作为集体,就是要养成人人尊重和遵守的公德。人格长城是私德和公德的糅合体。人格长城是一个民族或一个国家的道德规范,也可说行动准则,它是全民族、全中国必须遵守的公德。"

"捧着一颗心来,不带半根草去"是大先生陶行知的人生信条。他认为教师首先要认识到自己肩上的重任,只有把自己的整个爱心无私地奉献给孩子,才能完成教育的使命。他是一个不计个人得失、富于奉献的人。他的道德教育的方法是"教学做合一""教育就是教人变",注重在集体生活中培养道德情操。

第三部分　扎实学识

> 出世便是破蒙，进棺材才算毕业

习近平总书记指出："做好老师，要有扎实学识。"他同时强调："既要向书本学习，也要向实践学习；既要向人民群众学习，向专家学者学习，也要向国外有益经验学习。"学习是个体成才的必由之路，陶行知从一名普通的农家子弟成长为大教育家，始终坚持着正确的学习方向，向书本学习、向实践学习、向国外学习、向人民学习，实现了"出世便是破蒙，进棺材才算毕业"的学习信条，他"为一大事来，做一大事去"，将扎实学识应用到为民族复兴、为人民受教育的事业中，实现了传统中国知识分子的修齐治平的圣贤进阶之路。

一　陶父是行知先生的第一任启蒙老师

陶行知父亲陶长生，粗通文墨，为人厚道。由于历经曲折，生活艰难，他将希望寄托在陶行知身上，他对童年时陶行知的学习非常重视，亲自在家教儿子读书识字。

陶行知的母亲曹翠仂是一位"勤劳、善良、朴实、忠厚、爽朗，富有好学求真精神的劳动妇女"，在陶行知儿时的记忆中，母亲除了种田务农、操持家务外，还替人缝补浆洗、做用人。陶母艰苦朴素，治家节俭，家中丈夫、儿子，后来又有孙子的理发，全由她一人包办，数十年如一日。陶行知毕生所保持的那种吃苦耐劳、平实俭朴、敬业奉献的作风，在很大程度上也是受其父母影响。

陶行知的父亲叫陶长生（1867—1915年），早年在休宁县万安镇经营祖产"亨达官酱园"，后谋得万安镇"册书"职，掌管田赋契约，1902年解职归田，以务农、经商为生。陶行知在《我的学历及终身志愿》一文中，指出"余早期汉学教育受业于家父及其他师长"。陶父是陶行知先生的第一任老师。

陶父 1908 年在安徽黄山脚下水蓝桥边送子求学,陶行知 20 年后献诗悼念。陶行知在美国留学时,得知父亲病逝。《追忆美国得父没耗后之生活》:"悲之极,不得已借事勉强忘之,下课后即到图书馆中看书,不敢回寓,每至深夜始返。但多年不能自主,悲怀一恸,凄凉甚矣。"

在美国求学时期,陶行知思念父亲。他想起 1908 年,17 岁之春,独自一人,乘船赴杭学医,父亲躬自送到水蓝桥下船,回想初别情景,历历如在目前。今特追摄入诗,送别人竟不及见,思之泪落如雨。陶行知的献诗:古城岩下,水蓝桥边,三竿白日,一个怀了无穷希望的伤心人,眼里放出悲壮的光芒,向船尾直射在他的儿子的面上,望到水、山、天合成一张大嘴,隐隐约约地把个帆影儿都吞没了,才慢慢地转回家去。我要问芳草上的露水,何处能寻得当年的泪珠?

本诗为《知行诗歌集》的序诗,作于 1931 年,是陶行知回忆当时求学杭州医学堂时,对父亲形象的追忆,追忆中散去了当时困境中求学的苦闷情绪,而只是追忆一位仁慈的父亲,和一场分别。

二 陶行知先生从小好读书

陶行知 1891 年 10 月 18 日(农历九月十六),生于安徽省歙县西乡黄潭源村。乳名和尚,学名文濬。

1897 年,6 岁的陶行知来到旸村蒙童馆,请方庶咸秀才代为之开蒙。

1898 年,7 岁的陶行知来到休宁万安镇中街吴尔宽家经馆伴读。

陶行知先生幼年时代基本上是在休宁万安镇度过,万安老街至今还存留着他少年时代读过书的蒙童馆,万安百姓至今还念念不忘他小时在万安的事情。

陶行知的外公、外婆住在万安涨山铺。他 7 岁时,就被送到万安街跟从当地名师吴尔宽读书。吴尔宽学识渊博,教书认真,对弟子严格。聪明过人、活泼可爱的小行知,从 7 岁到 14 岁一直拜在吴尔宽门下"寒窗苦读",读完"四书""五经",又学了不少中国历史与哲学,打下了厚实的古典文学基础。尤其是写作方面,行知才思特别敏捷,诗文也格外出众,很受吴尔宽的赏识。因此,行知从小就是远近闻名、时常受到师长嘉奖的才子。

14 岁那年,陶行知才离开万安到颇具规模的歙县崇一学堂读书,知识面扩大了,求知欲望更强了,对万安的感情也与日俱增,只要一有时间,他就来休宁探望外公、外婆和吴尔宽老师。

1908年,从崇一学堂毕业,行知刚17岁,他准备从万安启程到杭州学医,父亲得知消息,特从歙县赶来送行。他乘坐的木船,停靠在古城岩下、水南桥边。他背上行囊,跨上帆船,向送行的亲人挥手道别。父亲站在水南桥畔的水埠上,怀着无穷的希望,含着眼泪,一直遥望着他的帆影消失在远方,这才慢慢地转回家去。

读书,让行知先生在生活的经历中更加丰富,更重要的是,能让先生的精神突破现实和身体的桎梏。面对困难,先生总是不卑不亢,抵御苦难,勇往直前。

先生向书本学习,从小开始,把读书当作一大事,"读书"两个字是如此辽阔,如此庄严,如此神圣。自觉不自觉地,他似乎已经把自己的生命交付给了读书。因此,从他的个人成长来说,他的生命,他的精神,他的行动,得益于书中知识的不断滋养。从他发起的生活教育实践来看,读书是所有实践项目的基石,是重中之重。

先生始终坚定地站在教育实践的第一线,广为撒播生活教育的种子,为中国教育的创新与改革注入了一股强大的活力,致力于为中国孩子提供完整的生活教育实践。

三 陶行知先生到国外学习

1909年,陶行知就读于金陵大学,学习文科,毕业后赴美留学,最初学市政学,后认识到国家富强跟教育的发达有密切的关系,毅然弃政从教,选择了哥伦比亚大学师范学院,确立了教育救国的理想信念。

南京汇文书院(今金陵中学)与宏育书院(现人民中学)合并,成立金陵大学。陶行知直接升入金陵大学文科本科就读,功课之外,他热衷公益,关心时事,积极参加社会活动。1914年于金陵大学毕业,后赴美留学。

1917年陶行知从哥伦比亚大学学成回国,在归国的船上,他对同学说:"我的志愿是要使全国人民都有受教育的机会。"

陶行知创作的诗歌:"如果我是一个小孩,我不要恐怖,我不要饿肚,我要玩得高兴,我要有机会长进。""人人都说小孩小,谁知人小心不小。您若小看

陶行知先生在哥大的合影

小孩子,便比小孩还要小。""我是中国人,我爱中华国。中国现在不得了,将来一定了不得!"

黄山脚下的徽州大地,孕育了伟大的人民教育家陶行知。在徽州一方水土的孕育、滋养下,陶行知形成了少年时期的秉性、人格和丰厚的优秀传统文化素养,之后留学海外更是拓宽了他的视野,融贯中西文化。学成后,先生立志爱我中华,用学到的知识报效祖国、服务社会。

四 陶行知先生二次改名

陶行知先生在家排行第二,有一姐(陶宝珠)、一妹(陶美珠,学名陶文渼),姐姐陶宝珠幼年夭折,陶父想让儿子得到佛门保佑,乳名叫作"和尚"。陶行知上私塾时,老师方庶咸认为不雅,取学名"文濬(jùn)","濬"的简化字为"浚",(取自《书·舜典》:濬哲文明之意,濬哲解释为——深邃的智慧)。

1909 年,在崇一学堂校长吴用人唐进贤的介绍下,陶行知考入南京汇文书院,后又转入金陵大学文科。通过四年的本科学习,他对教育有了坚实而迫切的思想基础:"人民贫,非教育莫之高之;人民愚,非教育莫之智之;党见,非教育不除;精忠,非教育不出;教育良,则伪领袖不期消而消,真领袖不期出而出,而多数之横暴,亦消于无形。"当时,许多先进的知识分子都抱有"救亡图存"的思想,但经历种种挫折后终才清醒:相比于坚船利炮,唯有教育才是开启民智、自强自立、抵御外侮之道。从这一点中,可以看出陶行知经过冷静思考和树立鸿鹄之志后,选择"教育强国"的历史必然性。

他大学期间信奉王阳明的"知行合一",遂把"文濬"改为"知行"。在此期间,他开始接触到王阳明的心学。"从戊戌到辛亥,思想政治界的一些先行者,无论是较为温和还是较为激进者,都极其推崇王学。"这其中的主要原因,是心学相比传统儒教而言,更强调个人的奋斗与证悟,把"个人的作为"放到前所未有的高度,并以实际的行动改变世界、改变自己。这一积极的价值主张,恰恰是传统信仰崩塌、观念混乱之际的"及时雨",特别对朝气蓬勃的青年人胃口。想到终于有了前行航向,陶行知兴奋得直接取阳明先生的"知行合一"之说,对"知是行的主意,行是知的功夫。知是行之始,行是知之成"深信不疑,把"陶文濬"改为"陶知行"。从阳明先生的本底哲学理念来讲,"知行合一"是有更深层次的蕴意的。

后来的教育实践,先生逐步认识到自己年轻时信奉的"知是行之始,行是知之成"的谬误,转而笃信"行是知之始,知是行之成",于是,1934年7月16日,在《生活教育》期刊上发表《行知行》,正式把名字改为"行知"。

陶行知在南京高等师范学校

1917—1934年的17年时光是陶行知知行观的转型时期。"陶知行"到美国吸收异域的思想,回到中国付诸实践。一系列扎根社会的生活教育实践,是陶行知"知行观"转变的源泉。在救亡图存的时代背景下,致力于为广大的劳动人民办好教育的信念促使陶行知把王阳明的知行观翻了过来,变成"行是知之始,知是行之成"。

陶行知先生历经社会实践的不断检验和对王阳明知行学说的深刻反思。时间来到1934年7月16日。这一天,陶行知公开宣布自本日起,将"知行"改名"行知"。他在《生活教育》第1卷第11期以"陶行知"署名,发表了一篇题为"行知行"的文章,阐明改名"行知"的理论和实践的意义。在文中他讲到有一位叫谢育华的友人看了《古庙敲钟录》之后说:"你的理论,我明白了,是'知行知'。知行底下这个知字是安得何等有力!"陶行知向谢育华表示钦佩之意后对他说:"恰恰相反,我的理论是'行知行'。""既是这样说,你就应该改名了。"陶行知先生经历了"知行"到"行知"再到"行知行"的过程。

先生的身世是他全心全意为民为教的根由。陶行知小名和尚,学名文濬,为了申明自己所持哲学观,先改名为知行,再定名为行知,取"行是知之始,知是行之成"的主张。

五 陶行知先生开放女禁,把"教授法"改成教学法

1914年,23岁的陶行知以第一名的成绩毕业于金陵大学,并在毕业典礼上宣读论文《共和精义》:"人民贫,非教育莫与富之;人民愚,非教育莫与智之;党见,非教育不除;精忠,非教育不出。"他从金陵大学毕业后,进入美国哥伦比亚大学师范学院,成为杜威的学生。1917年,新文化运动在中国开展得轰轰烈烈,"新教育"也被提上日程。这一年,陶行知应邀回国,在南京高等师范学校担任教育学专任教员。

一开始,陶行知在南京高师的教育改革是技术层面的。比如改"教授制"为"教学制",因为"人师之责,不在

陶行知在南京高等师范学校担任教务长

教学生,而在教学生学";将原来的固定科目改为"选科制";实行"男女同学"……陶行知的种种举措,使南京高师一时间成为国内教育改革典范,和北京大学的改革遥相呼应。

五四运动后,"中华教育改进社"成立,陶行知被聘任为主任干事。他毅然抛弃了每月400块大洋高薪的大学教授职务,介入"平民教育事业"中去。由于陶行知等人的工作,南京的平民学校"忽如一夜春风来",很快出现了126所平民学校,学生近5 000人。陶行知先生全身心投入平民教育运动。教学期间积极提倡平常人接受教育,识字、读书、爱国、做好人。先生在推广平民教育期间,做的最骇人听闻的事是开放女禁,女生与男生享受同等权利,可以在一起学习。

陶行知平民教育的方式是随时随地的。他有次到蒋梦麟家里吃饭,提议要在这位时任北大代理校长家里扫盲。他见蒋校长面露难色,就问:"北大代

理校长家里可以容得下不识字的人吗?"蒋校长回答:"错是不错。"陶行知说:"既是不错就要干。从今天起,家里的人不识字的都要读书,识字的都要教书。"蒋校长找来他的世兄和门房,陶行知就教了他们一回。他们很高兴,立刻去教老妈子和车夫。见到这情景,蒋校长对陶行知说:"你很有传教的精神。"

陶行知先生在晓庄学校最开始招生时,就允许女生和男生一样地应考了。先生曾谈道:"有人问我:'兼收女生是新法,为什么不先请教育部核准?'我说:'教育部的大学令,并没有专收男生的规定;从前女生不来要求,所以没有女生;现在女生来要求,而程度又够得上,大学就没有拒绝的理。'这是男女同校的开始,后来各大学都兼收女生了。"先生是大学、中学、小学开放女禁实引者之一。

陶行知先生在晓庄师范招生时就强调,"文凭迷"不要来,来了就都要在这里"做中学"。也就是说,生活教育提出的一个重要出发点,就是陶行知希望能够以此来改造畸形的智力教育(应试教育),从而解决教育与生活脱离的问题。针对此种现象,陶行知在多年的反思中逐步构建起了生活力、学习力、自治力和创造力一体的教育体系。这些常能包括初级的如会洗衣做饭、应对进退、游泳急救和更加高级的如会开车、翻译、速记、领导,等等。生活中蕴含真正的教育。这些具体的目标是落实生活教育的实际抓手,提升学生的核心素养。

1918年,先生在南京高等师范学校首倡"教学法"。"用教学法"以替代原先的"教授法",即教师不仅要注重知识的传授,更要注意启发学生学习的自觉性,强调学生"学"的方面。这一提法由于符合教育的基本原理和客观规律,得到了教育界的认可并随之在全国流行。

1919年,先生在南京高等师范学校实施男生女生同班上课,提出了《规定女子旁听法案》。他说:"中国女子高等教育最不发达,女子几无上进之路;大学不许男女同学,更是毫无道理。南高特宜首破禁区,融通办理,以遂女子向学之志愿。"在陶行知和时任校长郭秉文的多方努力下,南高与北大展开南北一致行动,共同开放"女禁"。1920年,南高正式录取了第一批女学生,首创男女同校,开辟中国女子教育新天地,揭开了中国高等教育史上崭新的一页。陶行知还与南高师首届招收的8位女生合影留念。

1920年,先生在南京高等师范学校积极倡导"暑期社会实践"。以教育改造社会,创办暑期学校,他"倡导最力,实践最勤"。在他的努力下,南高师在全国率先开办了暑期学校,前后开办4期,每期学员有1 000人左右,其持续时间之长、办学效果之好,在全国都首屈一指。

陶行知曾提出培养"第一流的教育家",其必须具备的思想素质就是"敢探未发明的新理"、"敢入未开化的边疆"的"创造精神"和"开创精神"。

六 陶行知先生积极倡导教师、学生到乡下去学习

陶行知先生在办晓庄学校的时候,注重以各小学为原点,到民间去、会朋友、做社会调查,研究和解决周围乡村实际问题,开展了轰轰烈烈的乡村运动。及时为乡村民众解决眼前的困难,日积月累,实践"教学做合一",改造乡村社会。

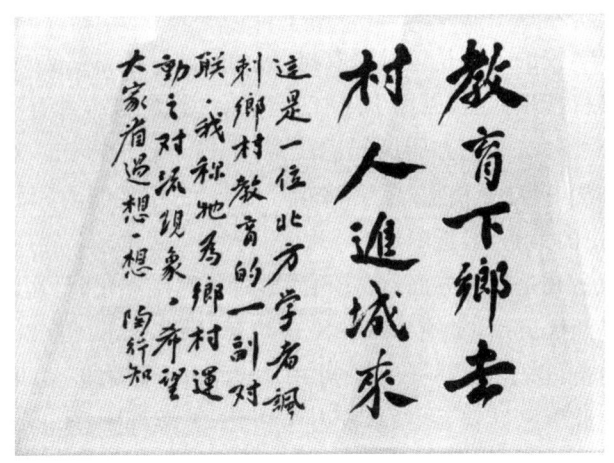

陶行知先生手迹

1927年6月17日的《"到乡下去"第一次会议的决议案》写道:"(一)认清第一期农村运动区域,在本校附近三里许周围。(二)认定各村运动之主持者。(三)我们第一天的工作:(1)报告晓庄小学——劝学。(2)宣传乡村医院。(3)认识该村之优良领袖。(4)对于私塾,设法劝教师改良。(5)解释来意使勿误会。"

陶行知先生积极倡导"会朋友"。他调查烟馆赌窟,努力开展戒烟禁赌运动;绘制各村简要地图;调查各村人口及学龄儿童,并实行劝学;调查各村年长失学者并招收民众学校学生,认识各村的好领袖和痞棍;调查各村家畜及农作物产额,调查各村无业游民;调查农暇手工业种类及其情形,农暇的种类及其场所;调查各村的官产寺院;调查各村经济状况;调查各村田丘亩数,破除迷信运动。

杨寅初曾经写道:"万寿庵的症结为腹中积块,是一种病状万寿社会,不能和学校合作。据调查,确有下面病象:一是贫穷,万寿地方的居民,每家只有田几亩,多者十余亩,桑百株,余为荒山硗土,十家有几家入不敷出,所以儿童年十二就做'打丝'的手艺,得资糊口,富户极少,衣服褴褛者触目皆是。二是闭塞。万寿地方四面皆山,虽距城只十余里,倒是车马踪迹罕至的地方。三是迷信。所以不自己修养努力,只往往焚香叩首,所以迎神赛会的举动极多,花去有用金钱不小。四是恶习惯。赌博,万寿地方虽然偏小,赌博非常之多,酒馆茶园为其征逐场所。吸烟(鸦片烟),万寿地方有三鬼,烟鬼是三者之一。茶叙,清早起来,就跑到中心茶园洗脸、喝茶,谈谈张家长李家短,无意识地瞎扯。抛弃宝贵的光阴,不努力生产,致田中杂草丛生,荒芜不堪入目。五是不信仰学校。农民子弟入校不取分文费用,但学校仍不见发达,其主因有:禁烟禁赌而引起愤恨。学校的天职是建设新农村,因而组建禁烟禁赌委员会,就伙同公安局自卫团实行搜烟抓赌,因而引起社会反感,愤恨学校,大有不赶走学校不休的风气。怀疑办法。地方居民知识浅薄,不懂学校的办法。迷信私塾。他们怀疑学校办法,一味迷信那'冬烘'塾师,念那'三字经''百家姓''诗云''子曰'等不切实用的书籍,最近附近有一私塾,学生有四十多名,异常拥挤。"

"治疗方法:一是积极方面,再接再厉禁烟抓赌破迷信;借用政治力量打倒反动者。二是消极方面,实施儿童和民众教育,供其需求。在农事方面,介绍良种、良法、良苗,送给菜种村民。在水井方面,万寿庵附近三四个村庄,连吃水井都没有。此事已计划妥当,学校出洋百元,卫生部贴洋一百二十元,不日就可以进行凿井。在医药方面,病重的人,我们就介绍到晓庄医院去,并不取其分文。对于借贷所,现拟指导农民组织信用合作社,向农民银行贷款作正当经济用途。"

先生的"农民化之心"。他"与农人共鸣,从最多数最不幸的人出发",心甘情愿地"为农人活,为农人死,和农人共甘苦,同休戚",守住教育事业、追求教育事业、奉献教育事业,就是守住自己的初心。在先生感召下,晓庄的教师、学生纷纷到民间去,去会朋友,找到乡村社会的问题,拿出解决问题的办法,达到改造社会的目的。

七 陶行知先生制订晓庄学校学生学习计划

先生在晓庄学校,制定学生每天学习日常作息表,可以看出学生一天的学习任务:

一、全体学生早上5:30起床;

二、早上5:45至6:00寅会,根据"一日之际,在于寅"的原则,来计划一天的学习活动;

三、早上6:10至7:00,武术与军事训练;

四、上午7:00早餐;

五、上午8:00至9:00,洒扫整理;

六、上午9:00至11:00,各部办公,即院务分任务教学做,学生轮流学习;

七、上午11:00至12:00,系统讨论问题,由指导员及同学,每周将中心问题作系统的讨论;

八、中午12:00午餐;

九、下午1:00至3:00手工和图画;

十、下午3:00军事训练与武术;

十一、下午4:00至5:00农事;

十二、下午5:30,预备灯油;

十三、下午6:00晚餐;

十四、晚上7:00至9:00自由学习工作;

十五、晚上9:00至10:00日记;

十六、晚上10:00就寝。

从学习计划来看,围绕生活教育实践是重点。陶行知先生的理念是"健康第一",十分注重学生的身体健康,每天两次武术和军事训练,练习时间比较多。陶行知先生安排学生向实践学习比例最高,尤其是劳动教育时间多,占一天学习时间的近一半。学习计划时间表中,生动形象,具体呈现晓庄学校每个学生的学习活动。

晓庄学校,学生一天的学习内容充实多样,早晨的寅会由陶行知或其他指导员主持,筹划当日全天安排;其后,学生进行武术课的学习,因晓庄附近土匪较多,陶行知以武术课代替了其他学校的体操课;剩下来的上午时间由学生自由读书,所读之书既有学校规定的,也可以由学生按照兴趣爱好自由选择。下午则安排学生做农活或者去老百姓家里拜访学习。到了晚间,则组织学生开办平民夜校,给周边农民作指导,或是学生自行写日记、笔记等。

先生在晓庄,培育学生用好四把钥匙。文化钥匙要使学生得到最重要的四把:一是国文;二是外国语;三是数学;四是科学方法——治学治事之科学方法。与其把学生当作天津鸭儿填入一些零碎知识,不如给他们几把钥匙,使他们可以自动地去开发文化金库和宇宙之宝藏。全体学生按照陶行知的课程安排,整个的生活就是整个的课程。

先生创造的"干"字

晓庄的精神就是"干",埋头苦干,尽心尽力地干,工作学习勤奋、努力。晓庄是办真的教育、活的教育、健全的教育和主人的教育。在晓庄这些不是口号,而是实实在在地干出来的。陶行知举起了反传统教育的大旗,创造了中国化的生活教育理论与实践。美国哥伦比亚大学师范院克伯屈教授指出:"如大家肯努力,恐一百年以后,大家要回过头来纪念晓庄,欣赏晓庄!这就是教育革命的策源地。""这也可以代表整个民族的精神。""我现在无论到什么地方,都要宣传在中国的晓庄有一个试验学校,把这里的理想和设施宣传出去,使全世界人知道。"晓庄办学 3 年,便赢得国内、国际学者的盛赞。晓庄的精神,永放光芒!

八 陶行知先生生活实践的方法"教学做合一"

"教学做合一"是生活教育理论的方法论。这一方法论是陶行知在杜威"做中学"的基础上进一步思考得出的。

1925 年冬,他在南开大学演讲"教学合一",张伯苓建议改为"学做合一",陶行知因此得到启发,改为"教学做合一"。陶行知认为,只有有了教学做合一的方法论,生活即教育和社会即学校才能够具有可操作性。教学做合一有两种含义,一是方法;二是生活的说明。"在方法方面,它主张教的法子根据学的法子,学的法子根据做的法子。不然,便要学非所用、用非所学了。在又一方面,它是生活的说明:在做上教的是先生,在做上学的是学生。从先生对学生的关系说,做便是教;从学生对先生的关系说,做便是学。"在教学做合一中,"做"占据了中心位置,也就是陶行知强调的"在劳力上劳心","单纯的劳力,只是蛮干,不能算做;单纯的劳心,只是空想,也不能算做;真正的做只是在劳力上劳心"。陶行知提出的教学做合一,解决了当时教育与实际生活相脱离的问题,以及将教、学、做三者分离的教育状况,而是将劳力与劳心相结合,实现了教、学、做三者合一的目标。相较于杜威的"做中学"而言,"杜威更强调培养能够适应资本主义社会发展需要的人才,而陶行知的'教学做合一',则旨在反对'死的书本'的

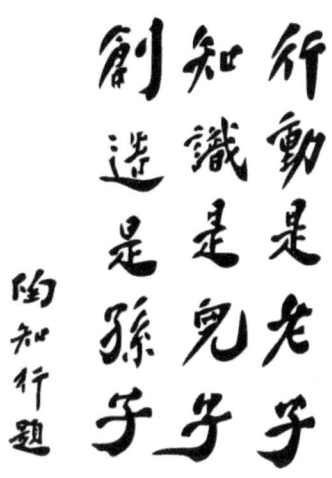

陶行知先生手迹

'伪知识',求得'实际生活'的真知;反对老八股、洋八股教育把学生培养成'只会读书不会做事'的'书呆子''字纸篓',而要培养'在劳力上劳心',能运用'活的知识',有'行动'能力、'生活力'和'创造力'的新人"。

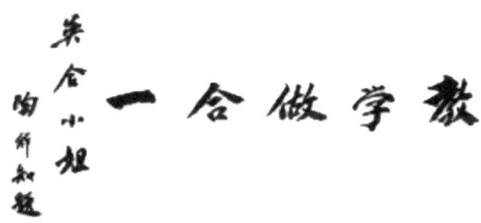

陶行知先生手迹

陶行知教育思想的核心落在"教学做合一"之上。陶行知先生经常拿这几个字送人,勉励大家要"在劳力上劳心",在"做"上下功夫,尤其与吴树琴经常谈起晓庄的岁月,在一次心情激动之时,用毛笔郑重写下"教学做合一",作为二人的座右铭,这也是他们美好爱情的见证。该手迹是1939年12月,陶先生应吴树琴请求,欣然题写的。手迹中"吴合小姐",即吴树琴。20世纪50年代晓庄师范复校筹建陶行知纪念馆,吴树琴把这幅珍贵的手迹捐赠给南京晓庄师范,现由南京晓庄学院陶行知纪念馆永久珍藏。

"教学做合一","做"是中心。教与学都是为了生活实践的需要,教与学都

陶行知与吴树琴的结婚纪念照

必须以"做"为中心,"一面做,一面学,一面教"。教与学的过程中,要"教学做合一",就要以"做"为中心,教学效果才能最优化。

在晓庄,始终坚定改造社会的精神,坚持学生在生活中受教育,教育在种种生活中进行,为了生活的向上向前而教育,坚持"教学做合一",以"做真人""育真人"为终极目标,坚持不懈地"真教、真学、真做",培育"五育并重"、全面发展的人。

九 陶行知先生写《水铭》诗赠送学生

陶行知先生是大众诗人,他的诗歌情感真挚,哲理丰富,通俗易懂而不失美感,具有很强的感染力和艺术魅力;他的诗歌语言有特色,具有审美品格。

先生弟子戴自俺在晓庄学校学习毕业后,他去向陶先生告别,想再听听老夫子的"临别赠言"。陶先生笑笑说:"我没有什么可说的,这里有一首新写的诗《水铭》,送给你参考吧。"戴自俺将诗接过来看:"杯方水方,杯圆水圆。可以穿石,可以灌田。分出氢焰,化铁之坚。会合众川,白浪滔天。居高临下,马力万千。流血流汗,开新纪元。"

戴自俺看了《水铭》诗,若有所悟,他明白了陶先生的良苦用心,是为了让他能独当一面地去接受锻炼,在实际工作中,发现问题,要动手与动脑,向实践学习,向书本学习,向他人学习,培养自己独立工作的能力。

陶行知先生手迹

戴自俺带着这首寓意深刻的诗,带着陶先生的殷切期望,离开陶先生,奔赴河南百泉,走上了乡村教育的道路。

"宁做农与工,联合辟荒岛。晓庄学校的同志应该有这种开疆拓土的精神!"陶先生兴奋地说:"去吧,你大胆地去吧!我们的同志,只要有一个人到了一个新的地方,就会出现一个新的晓庄。晓庄的种子一定会撒遍全社会!"

陶行知先生感慨道:"人才的幼苗,需要阳光、雨露。没有这些,人才的幼苗就枯萎了呀!"陶行知的教育思想是一座富矿,先生认为:学生应掌握生活力、自动力、创造力以及生活常能。先生一直不断探索教育的新理,学生想自立、想进步,教师就须胆量放大,将试验精神,向那未发明的新理贯射过去;要不怕辛苦,要不怕疲倦,要不怕障碍,要不怕失败,一心要把那教育的奥妙新理,一个个地发现出来。

当下,学习陶行知教育思想,新课程以生命课程为基础,以求真的智识课程、求善的德育课程、求美的艺术课程为主干,以特色课程为枝叶,进行建构,提升学生的核心素养,发展学生的创造力与创新力。教师要以心换心,"教"与"学"双收,真正做到既教好了书,又育好了人。教师教得顺心,学生学得开心。教学过程中为实现教育目标,师生之间进行交往而产生相互认知的情感关系,并在教育活动中不断地发展、变化,正确认识师生关系。采用多向合作探究学习,有利于提高教学效果。

十 陶行知先生向人民学习的《人民之所好》诗

"诗教"自孔子首倡以来,一直在中国的教育界、思想界得以重视和发展,这个传统一直延续到近现代。陶行知先生首创"生活即教育"的崭新理念,用实际行动赋予"诗教"新内涵。

陶行知先生一直执着地为改革旧教育、普及乡村教育而奋斗,最本质的原因就在于他的心里装着人民,向人民学习,人民至上,爱人民所爱,恨人民所恨。一切为人民是他的教育事业的出发点与归结点;也是他的人生观、价值观的核心。

"晓庄是从爱里产生出来的,没有爱便没有晓庄",也没有他的一切事业。因为他爱人类,所以他爱人类中最多数而最不幸的中华民族,因为他爱中华民族,所以他爱中华民族中最多数而最不幸之农民。他爱农民只是从农民出发,从最多数最不幸的人出发,他的目光没有一刻不注意到中华民族和人类的全体。他创办晓庄学校,同样是从人民这个大前提出发的,是对人民、对人类真挚的爱的结晶。

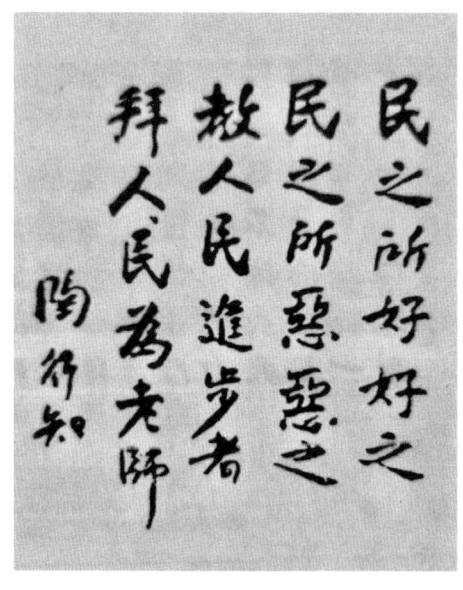

陶行知先生手迹

陶行知先生向人民学习，写《人民之所好》诗，可以看出陶行知先生热爱人民的深情，渗透在他的一生奉献中。他是一位专门利人、毫不自私的人。为办乡村教育，他总是舍己为人，毫不计较自己的得失。像他这样的地位、条件，追求个人升官发财、飞黄腾达，自然不成问题，但他对个人名利看得很轻。经他手的经费是大笔大笔的，而他丝毫不沾。不仅不贪公肥私，反而为了办学仗义疏财。

陶行知不以艰困为苦，而以苦为乐，以为人民多做好事为乐。正如他的长子陶宏所说的："父亲是一个自己吃苦、叫别人快乐的人！他是一个不愿把自己的苦分给别人而只愿把自己的快乐分给别人的人，他是一个看到别人分到自己的快乐而更加快乐的人，我们无法表达出他所身受的种种困苦情况，然而他永远是一个达观的人！"

先生在晓庄，创办晓庄师范学校，就是一种教育实践上求真的实际行动。"民之所好好之，民之所恶恶之，教人民进步者，拜人民为老师。"真正体现先生在工作作风上"爱民，求真，讲民主，待人宽容，不苛求人，爱满天下"的教育情怀。

先生的立场与方向：人民至上，他认为唯有生活在人民群众当中，才能够"了解生活的脉络，寻觅教育的曙光，为孩子尽心尽力，做真事，做真人"。先生之专注为教育且联络其他力量，构成他尽心尽力为教育的合理路线，使他得以找到教育的真谛和规律，发现并且完善了伟大的生活教育理论与实践，形成了为中国崛起和为教育崛起而奋斗的无尽力量。

新时代，缅怀先生风骨，传承行知精神，争做大学生。"大先生之心"，要以办好人民教育为初心，以教育为终身事业追求，"敢探未发明的新理"，即是创造精神；"敢入未开化的边疆"，即是开辟精神。创造时，目光要深；开辟时，目光要远。奋进新征程，建功新作为。

十一　陶行知先生的"每日四问"

陶行知先生办学期间，对学生要求严格，提出"每日四问"。

第一问："我的身体有没有进步？"

首先，我们每天应该要问的是："自己的身体有没有进步？有，进步了多少？"为什么要这样问？因为"健康第一"。没有了身体，一切都完了！我们必

须继续建立"健康堡垒"。要建立健康堡垒,必须注意四点:

(一)"科学的观察与诊断"。

(二)"饮食的调节与改进"。

(三)"预防疲劳的休息"。

(四)"用卫生教育代替医生"。

第二问:"我的学问有没有进步?"

其次,我们每天应该问的是:"自己的学问有没有进步?有,进步了多少?"为什么要这样问?因为"学问是一切前进的活力的源泉"。学问怎样能够进步?

重要在有方法研究。现在我想到有五个字,可以帮助我们学问易于进步。哪五个字呢?

第一个,是"一"字。一是"专一"的一。

第二个,是"集"字。集是"搜集"的集。

第三个,是"钻"字。钻是钻进去的钻,就是深入的意思。

第四个,是"剖"字。剖是"解剖"的剖,就是"分析"的意思。

第五个,是"韧"字。韧是坚韧,即是鲁迅先生所主张的"韧性战斗"的韧。

我想,我们每一个人,能把"一""集""钻""剖""韧"五个字做到了,在学问上一定有豁然贯通之日,于己于人于社会都有贡献。

第三问:"我的工作有没有进步?"

再次,我们每天要问的是:"自己担任的工作有没有进步?有,进步了多少?"为什么要这样问?因为工作的好坏对我们生活学习的影响都是很大的。我对于工作也提出几点意见,以供大家参考。

第一点最要紧的,是要"站岗位"。守牢自己的岗位,在本岗位上努力,把本岗位的职务做得好,这是尽责任的第一步。

第二点最要紧的,是要"敏捷正确"。工作敏捷而正确才有效力。工作怎样能够做得敏捷正确呢?这就是靠熟练与精细。

第三点最要紧的,是要"做好为止"。我们做事要按照计划,依限完成,就必须毅力坚持,一直到做好为止。

第四问:"我的道德有没有进步?"

最后,我们每天要问的是:"自己的道德有没有进步?有,进步了多少?"为什么要这样问?因为道德是做人的根本。根本一坏,纵然使你有一些学问和本领,也无甚用处。否则,没有道德的人,学问和本领愈大,就能为非作恶愈大,所以我在不久以前,就提出"人格防"来,要我们大家"建筑人格长城"。建筑人格长城的基础,就是道德。现在分"公德"和"私德"两方面来说。

先说"公德"。一个集体能不能稳固,是否可以兴盛起来? 就要看每一个集体的组成分子,能不能顾到公德,卫护公德,来衡量它。我们在每一个行动上,都要问一问:是否妨碍了公德? 是否有助于公德? 妨碍公德的,没有做的,即打定决心不做,已经开始做的,立刻停止不做。若是有助于公德的,大家齐心全力来助他成功。

再说"私德"。私德不讲究的人,每每就是成为妨害公德的人,所以一个人私德更是要紧,私德更是公德的根本,私德最重要的是"廉洁"。一切坏心术坏行为,都由不廉洁而起。由私德的健全,而扩大公德的效用,则我们便有一种高贵的品德成绩表现出来。

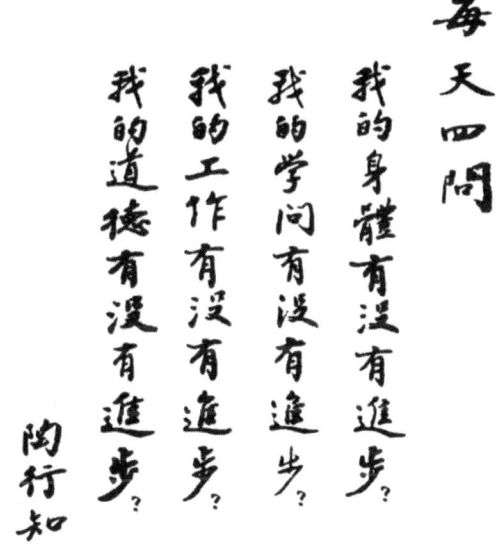

陶行知先生手迹

今天,陶行知当年所讲的"每天四问"实例,内涵更加深刻,提供给大家作为进德修业的参考。如何灵活运用? 真正做到:每一个人身体健康上有着大的进步,学问进修上有着大的进步,工作效能上有着大的进步,道德品格上有着大的进步,显出"水到渠成"的进步,才有整体大大的进步。

十二　陶行知先生一生向实践学习比例最高

陶行知先生要学生学做的事,自己必须先行。他要求:"教职员躬亲共做;要学生学的知识,教职员躬亲共学;要学生守的规则,教职员躬亲共守。"

柴是生活必需品,是任何人生活都需要的。自古就有开门七件事——柴米油盐酱醋茶。柴的位置是生存用品,是生活必需品。陶行知先生烧大锅的绝招:根据烧什么饭菜和数量,确定柴火多少合理搭配,以尽可能少的柴,烧最大的火力。

晓庄学校的师生每天轮流值班接待与烧饭。一天,轮到陶行知做饭,烧大灶时,他开始研究怎么可以节省柴火,后来发现架空灶底,可以让柴全部燃烧,火又大又旺,还节省时间,效果最好。

陶行知在晓庄学做饭,他写了一首诗,语言通俗易懂,简洁质朴。他给学生讲新媳妇到婆家第一次烧饭,没有操持家务的生活经验,用"生米烂饭焦锅巴"来打趣新媳妇,表示第一次做事,效果不尽如人意。于是陶行知把"生米烂饭焦锅巴"写入"初学烧饭"这首诗当中,变成"书呆子烧饭,一锅四样:生、焦、硬、烂。"看似不经意的一句话,信手拈来,实则细细打磨,内涵深刻。

晓庄学校完全按照陶行知先生的生活教育实践,学生的整个生活就是整个学习课程,所以在晓庄学校,校舍是学生自己搭建的,厕所是学生自己搭建的,卫生所也是学生自己搭建的;课桌椅是学生自己用木头打造的,甚至食堂的饭菜也是由学生自己做的。

学校还有田园200亩供学生耕种;有荒山十里,供学生造林;有土地若干,供学生自造茅屋居住;有中心学校数处,供学生实地操作。在这里,学生的动手能力得到了极大提高,实践能力迅速提升。事实证明,只有通过实践,才能达到陶行知提出的"农夫的身手、科学的头脑、健康的体魄、艺术的兴趣、改造社会的精神"。

陶行知还写了"人生两个宝,双手与大脑。用脑不用手,快要被打倒。用手不用脑,饭也吃不饱。手脑都会用,才算是开天辟地的大好佬。"口语化的诗歌教育语言,学生们读起来朗朗上口,有酣畅淋漓之感。只要做到了手脑并用,用脑又用手,就是大好佬。

今天,全国人民开启中国特色现代化强国的新征程。教育强国,培根铸

陶行知先生手迹

魂，启智润心，立德树人，我们需要陶行知爱满天下大情怀，生活教育大哲学，与时俱进大创新。陶行知留给我们宝贵的精神遗产，是中华文化的重要组成部分，是影响中国教育改革和发展走向民族教育的经典。人民第一，实践第一，创造第一，高扬行知精神，学习行知思想，奋进在行知路上。

十三　陶行知先生倡导孩子"读活书"

陶行知先生曾经提出"创造儿童教育"的教育理念，其中有段非常生动的话："我们要解放孩子的空间，让他们去接触大自然的花草、树木、青山、绿水、日月、星辰，自由地对宇宙发问，与万物为友。"生活即教育，万物有灵且美。

陶行知写的诗歌《春天不是读书天》："关在堂前，闷短寿源。掀开门帘，投奔自然。春天不是读书天。放个纸鸢，飞上半天。春天不是读书天。舞雩风前，恍若神仙。攀上山颠，如登九天。春天不是读书天。鸟语树尖，花笑西园。宁梦蝴蝶，与花同眠。春天不是读书天。放牛塘边，赤脚种田。工罢游园，苦中有甜。春天不是读书天。之乎者也，太讨人嫌。书里流连，非呆即癫。"

该诗是陶行知先生写于1931年的一首充满童心、洋溢童趣的好诗。一代

春天不是读书天

(1931)

陶行知 词
赵元任 曲

春天不是读书天：关在堂前，闷短寿缘！
春天不是读书天：鸟语树尖，花笑西园。
春天不是读书天：掀开门帘，投奔自然。
春天不是读书天：宁梦蝴蝶，与花同眠。
春天不是读书天：放个纸鸢，飞上半天。
春天不是读书天：舞雩风前，恍若神仙。
春天不是读书天：攀上山巅，如登九天。
春天不是读书天：放牛塘边，赤脚种田。
春天不是读书天：之乎者焉，尽讨人嫌！

陶行知先生写的童谣

教育大家真的不提倡孩子在春天读书吗？细读歌词就能发现，陶先生不是让孩子不读书，而是要孩子们不要困于课本，要到自然中去，多读些活书。教育孩子不仅要让他拥有聪明的大脑，更要让他有一个有趣的灵魂。趁着春天，读些与自然有关的杂书，然后老师带着学生去读大自然这本活书。陶先生诗歌的这个题目容易让人望文生义，但胜在醒目，不读死书，重视生活实际，改变传统教育竞争的价值观，挑战世俗。

该诗后来请现代著名学者、语言学家、音乐家赵元任谱曲,用歌唱的方式,在孩子们中间流传,影响广泛。

陶行知先生倡导学生:"多读书",不要"读死书,死读书,读书死",希望大家"读活书,活读书,读书活"。

十四 陶行知先生向张謇先生学习办学经验

陶行知说:"和农民生活习惯打成一片,我是学得张謇的,他对我的生活,影响不浅。我搞生活教育,他就是我第一个先生。"陶行知与民国时期的南通教育结下了深厚的因缘,曾经两次到南通调查研究、指导工作。

张謇在南通,早年主持过书院,后来办企业,获得资本兴办教育。他首先办的是通州师范。按他的想法,凡事要从根本做起,办学应先有小学,后有大学;办小学,得先办师范。师范启塞,小学导源,中学正流,专门别派,大学会归。所谓的"专门别派",就包括他创办的各种职业学校,如纺织学校、农业学校、商业学校,等等,让孩子学习专门的技艺。张謇的所为,根本所图是立国自强。张謇

张謇先生

开办南通师范学校的经验和做法,成为陶行知先生创办晓庄师范学校的直接参照。

1922 年 8 月,陶行知先生来南通参加科学社年会。同来的有梁任公、马湘伯、笠藕舫、邹秉文、胡敦复、胡明复、过探先等 38 位著名人物,来宾也有 200 余人。陶行知与张謇先进行深入交流,学到张謇先生的办学理念、模式与方法。同时陶行知在南通推行"平民教育"。

1935 年 6 月,江苏省举办第五次教区研究会会议,研究会专请陶行知来通演讲,讲题是"普及教育问题",地点在东公园省民教馆内,参加者有 50 多人。陶行知的教育思想,对南通地区的教育产生相当大的影响。他推行的"平民教育"在南通得到响应。

1923 年南通城内就办起四所平民学校:一所在城中,附设在儒学里小学;

一所在东门,附设在北街三元宫小学;一所在南门,附设在马家巷口小学;一所在西门,附设在玉皇殿小学。县教育会还成立了平民教育促进会。在海门也建立了平民教育促进会并办了三所平民学校,后来又续办两所。他为了改变乡村教育与社会、经济落后的状况,积极开展乡村教育运动,对南通有很大的影响。1928年南通城区首先在曹顶祠中心小学成立了乡村教育研究会。接着,唐闸、平潮、余东、石港等地也先后成立了研究会。他倡导的"小先生制",在南通地区的广大农村和集镇,得到实施。抗日时期,为了解决抗日民主根据地、解放区文盲较多,教师较少的问题,南通地区实行了"小先生制":一是在开展民众教育时,特别是在冬学运动中,组织"小先生"教农民识字;二是在组织小学生分组参加生产劳动或为烈军属代耕时,一边劳动一边学习,在劳动中进行学习,由事先训练好的"小先生"教大家识字、做算术;三是在开展分散游击教学时,因学生分成若干游击教学点,每个教学点,就由事先教会的"小先生"(一般由学习组长兼),再教其他学生,使在敌人侵扰的情况下,将学校教育坚持下去。

陶行知的儿子教奶奶认字

小先生制由陶行知倡导并实践,是他的生活教育理论——"教学做合一"思想的伟大创造。在教学做合一的思想中,教与学都以做为中心。在做上教的是先生,在做上学的是学生。先生与学生是没有严格区分的,在做上相教相学是人生普遍的现象。"小孩子先过了这种生活,又肯教导前辈和同辈的人去过同样的生活,就是一名名实相符的小先生了。"在陶行知的思想中,做先生的资格和学到了文化知识、有做事的能力有关,和年龄大小、身份是谁无关。"小先生"并非传统意义上的"长者为师",而是知者为师、能者为师,以知识和能力掌握的先后为标准,与年龄的大小没有必然联系。

十五 陶行知先生请木匠师傅当老师

有一次,先生走在迈皋桥老街,看见木匠店的张师傅闷着头做凳子,陶行知走过来说,请你给我与学校学生们教打小板凳。张师傅来到学校,陶行知就递给他一杯水,说:我们不是请你来做凳子的。木匠疑惑地望着陶行知:那叫我来做什么? 我是请你来做"先生"的。我可不识字,木匠师傅慌了。陶行知笑着说:我是请你来指导学生做木工的。你如果教会一个人,就可得一份工钱。如果一个也没教,那么就算你把凳子全做好了,还是一文工钱也得不到。木匠显出为难的样子。陶行知亲切地说:不要紧,你不识字,我们教你。我们不会做木工活,拜你为老师。我第一个向你学。说着,陶行知拿起一把锯,对准木板上画好的线就"吭哧、吭哧"地锯起来。

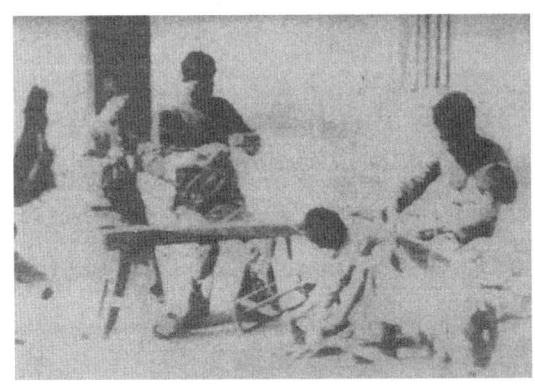

晓庄学生做木工活

第二天,犁宫门口广场上摆着木匠工具,师傅带着孩子们来学做凳子。有个学生嘟囔着:我们是来读书的,不是来做木匠的。一个村民看见孩子拿起工具,不小心就很容易弄破手,也皱起眉直摇头。这时,陶行知笑着说:"我有首诗读给大家听听:人生两个宝,双手与大脑。用脑不用手,快要被打倒。用手不用脑,饭也吃不饱。手脑都会用,才算是开天辟地的大好佬。你们看写得如何?"学生都拍手说好,那个村民也不好意思地笑了。

从此以后,每天学生都学做凳子,他们也当"小先生",教木匠师傅认字。3

个月后,教室里的23位学生,都坐上自己做的凳子。讲台上还有学生们自己制作的杠杆、滑车等玩具和仪器。晓庄村民们挤在窗口、门外,信服地点头叫好。陶行知在讲台前,念起了一首刚写好的诗:他是木匠,我是先生。先生学木匠,木匠学先生,哼哼哼,我哼成了先生木匠,哼哼哼,他哼成了木匠先生。学生们看看坐在他们身边一起听课的木匠师傅,大家都笑了。

大先生在晓庄,十分注重培养学生健全的人格:私德为立身之本,公德为服务社会国家之本;人生所必需之知识技能;强健活泼之体格;优美和乐之感情。先生一直认为一个人真正的成长,绝不是分数所能衡量的。真正的知识,一定能造就人的品格。

十六　陶行知先生赞同"上活课"

晓庄一带草丛里蛇很多,经常有人被咬伤,不仅村民怕蛇,师生们也怕蛇,迷信的人还说是"蛇娘娘"在作怪,碰不得的呢。

一天,先生的同事、生物指导员姚文采,来找到陶行知:"我想要进行一次蛇的教学做,让大家会辨别有毒无毒的蛇,懂得预防和救治的方法,打破恐惧和迷信的心理,你看怎样?"

陶先生很赞同:"好的。我想,师范生将来出去都要到乡村办学,乡村蛇多,怕蛇是不行的。我们不仅要交给师范生蛇的知识,还要让他们学会捉蛇的本领。文采,你试试看吧!"

姚文采专程到夫子庙请了两位"蛇花子"来给大家上课。"蛇花子"把师生带到劳山,只见他们仔细地观察草丛,一发现动静,飞快地扑上去用手按住蛇"七寸",然后一手抓住蛇尾,拎起来用力摔几下,没有几分钟,刚才还吐着血红舌头、狰狞可怕的蛇就散了架,成了软绵绵的一根绳子。反复几次以后,胆大的学生开始跟着学捉蛇,石俊同学学得很快,一个人就抓了几条蛇。原来,只要击中要害,蛇并没有什么可怕的。

大家把捉的蛇带回学校,"蛇花子"又接着讲了毒蛇和无毒蛇的区别,讲了常见蛇的种类,什么青竹蛇、火赤链、眼镜蛇、蟒蛇、水蛇等,还讲了被毒蛇咬伤后怎样自救和急救的方法,用哪些药来防治等。

大家听得很有兴趣,提出不少问题:蛇没有脚,为什么跑得那么快?蛇没有耳朵,怎么听得见声音?蛇怎么能吞得下大老鼠呢?蛇怎么生小蛇呢?

"蛇花子"抱歉地说:这些我们就说不清楚了,还是请教你们的姚先生吧。

姚文采老师忙叫大家安静下来:"刚才提的问题都很好,以后我们一起来研究解决。关于'蛇'的学问还真不少呢!"

先生在晓庄,特别强调:"教育的根本意义是生活之变化。生活无时不变,即生活无时不含有教育的意义。"由此,重点培养学生四项能力:学会沟通,在理解与宽容中变得温暖而有力量;学会合作,在支持与互助中共同成长;学会创造,在主动学习、积极做事、和善相处以及努力生存中革故鼎新;学会批判性思维,尊重差异,发现不同,成长自我。

十七　陶行知先生:"教育就像喂鸡一样"

陶行知先生是社会活动家,非常善于演讲,他的语言幽默风趣,生动形象,谁听了都会被他深深吸引,为他演讲中强大的逻辑力量所折服。在他无数次的演讲中,有一次别开生面的演讲,更是令人拍案叫绝,直到今天仍然令人回味无穷。

陶行知先生曾经在武汉大学做了一次演讲。那一天,大礼堂里挤得满满的,不仅全校师生都来听,连附近学校的师生和各界人士都闻讯赶来。他们都知道,陶行知先生是著名的教育家,都想来一睹他的风采,并听他说些什么。

会议开始后,有几位先生先后上台做了演讲。轮到陶行知先生时,会场上响起了一阵热烈的掌声。只见他不慌不忙地夹着一个皮包走上了讲台。他戴着眼镜,穿着西服,未曾开口,先向全场扫视了一遍。大家屏息凝神,都望着他,等他开口说话。有的人还打开速记本,准备把陶行知先生讲的每一句话都记下来。

出乎大家意料的是,陶行知并没有讲话。他从包里抓出一只活蹦乱跳的大公鸡。公鸡喔喔地乱叫。台下听众一个个目瞪口呆,不知他葫芦里卖的什么药。接着,陶行知先生从口袋里掏出一把米,放在桌上。他左手按住鸡的头,逼它吃米。鸡只叫不吃。陶行知又掰开鸡的嘴,把米硬塞进去。鸡挣扎着,仍不肯吃。接着,陶行知轻轻松开手,把鸡放在桌子上,自己后退了几步。只见大公鸡抖了抖翅膀,伸头四处张望了一下,便从容地低下头吃起米来。

这时,陶行知先生说话了:"各位,你们都看到了吧。你逼鸡吃米,或者把米硬塞到它的嘴里,它都不肯吃。但是,如果你换一种方式,让它自由自在,它就会主动地自己去吃米。"

陶行知先生又向会场扫视了一圈,加重语气说:"我认为,教育就跟喂鸡一样。先生强迫学生去学习,把知识硬灌给他们,他们是不情愿学的,即使去学也是食而不化,过了多久,他还会把知识还给先生。但是,如果让学生主动去学习,充分发挥他的主观能动性,那么,效果一定会好得多!"

陶行知先生讲完,把公鸡装进皮包,又向大家鞠了一躬,说:"我的话讲完了。"便退下场去了。听众们一时还没有反应过来。但只是过了一会儿,会场上便爆发出雷鸣般的掌声。很多人边鼓掌边喊:"好!陶先生讲得好!"

此实例说明教育必须根据学生的生理心理需求,安排教学内容;根据孩子的身心特点实施具体教学方法。教师关键是要培养学生的学习兴趣,把课堂变成老师学生之间和学生与学生之间互动的场所,包括答疑解惑、知识的运用等,这样才能达到更好的教育效果。

十八　陶行知先生奖励学生"四颗糖果"

陶行知先生当小学校长时,有一天,陶先生在校园看到一个男生用泥块砸自己班上的男生,当即制止了他,并让他放学时到校长室里去。放学后,陶行知先生来到校长室,却发现这个男生已经等在门口准备挨训了。可是一见面,陶行知先生却掏出一块糖果送给他,并说:"这是奖给你的,因为你按时来到这里,而我却迟到了。"

男生惊疑地接过糖果。随后,陶行知先生又掏出一块糖果放到他手里,说:"这块糖也是奖给你的,因为当我不让你再打人时,你立即就住手了,这说明你很尊重我,我应该奖你。"

男生更惊疑了,他眼睛睁得大大的。陶行知先生又掏出第三块糖果塞到男生手里,说:"我调查过了,你用泥块砸那些男生,是因为他们不守游戏规则,欺负女生;你砸他们,说明你正直善良,有跟坏人作斗争的勇气,应该奖励你啊!"男生感动了,他流着眼泪后悔地说道:"陶校长,你打我两下吧!我错了,我砸的不是坏人,而是自己的同学呀!"陶行知先生满意地笑了,他随即掏出第四块糖果递过去,说:"为你正确地认识错误,我再奖给你一块糖果,可惜我只有这一块糖了,我的糖用完了,我看我们的谈话也该结束了!"

陶行知先生教育学生不是用训斥、苛责、打骂等伤人自尊的方式。陶行知认为,教育孩子应平心静气,换位思考,旁敲侧击,对比设喻,导化对方的心理。

很多时候,微笑比严酷更有力量,赏识比批评更具激励。滴水穿石,胜过暴雨,和言良意,默化潜移。

陶行知的"四颗糖果"的教育实例,真正体现"关爱"、"宽容"、"信任"、"激励"学生。先生拥有大爱之心,还拥有教育的智慧。当陶行知先生发现孩子有问题时,是用自己的爱心,深入孩子的内心世界,搞清孩子犯错误的内在原因,而不是采用简单粗暴的办法解决问题,陶行知先生的赏识教育,是成功教育的经典实例。

十九　陶行知先生:"让学生像蜻蜓一样飞吧"

一天午后,一群小孩子在田间小路上奔跑,追逐一只蜻蜓。翠贞扑上去捉住了它,其他几个孩子抢着要,又吵又笑,闹成一团。陶行知先生恰好从村子里面走出来,他饶有兴趣地看着孩子们玩耍。孩子们看见了他,齐声欢叫:"陶先生,陶先生!"陶行知先生慈爱地抚着翠贞的小辫问:"孩子们,你们知道蜻蜓吃什么吗?"翠贞想了一下,回答道:"吃虫子。""喝露水。"另一个女孩说。孩子们七嘴八舌地抢着说:"吃草、吃树叶、吃泥土!"陶行知先生拉着孩子们坐在田埂上说:"还是翠贞说得对。蜻蜓吃虫子,苍蝇、蚊子它都吃。你们说蜻蜓是不是我们的好朋友?"翠贞信服地点点头。陶先生从她的手里取来蜻蜓,高高地举起,问道:"蜻蜓的尾巴有什么用,谁知道?""蜻蜓用尾巴在河里点水。""尾巴是指方向的。"

行知先生将蜻蜓小心地翻过去,指着它的尾巴说:"你们看,它的尾巴是一节一节的,又细又长。它是用尾巴保持平衡,调整方向的。在它饿极了的时候,会将自己的尾巴吃去一截,不过,以后又会长出来……"孩子们入神地听着。陶行知先生将蜻蜓举在眼前,用商量的口吻说:"蜻蜓吃的都是害虫,它是人类的朋友,放了它,让它为我们消灭蚊蝇,好不好?"说着把蜻蜓还给翠贞。孩子们纷纷说:"放了它,放了它。"翠贞张开小手掌,将蜻蜓放飞了。陶行知先生由此想到许多学校的生物课,都是将活物弄死,做成标本。他积极倡导:"生物课不要变成死物课,不要变成'僵尸陈列所',更不要在无意中培养孩子们残忍的天性。"他主张把孩子们带到大自然中。要认识青蛙,可以到河边去观察;要认识小鸟,可以到树林里去。这样,才能观察到真正的生物,孩子们才能学到真正有用的知识。

大先生在晓庄创办生物博物馆。陶行知先生是一个智慧者,他利用创新思维,挖掘本土教育资源,用农耕文化对学生进行教育。他创办生物馆,就地取材。生物馆内,主要展示教师和学生的实物,如动物标本、各种花草、实物教具文具等。生物馆成为大家观赏和接受生物课程教育的基地。

晓庄的学生有的喜欢栽培花草,有的喜欢饲养小动物。喜欢花草的,随时随地搜集品种,梅呀菊的;喜欢小动物的,满山遍野捕捉鸟儿兔儿。不花一文,就使生物馆展品丰富多彩起来,生物教学又有了实物教具。吕镜楼先生是教自然科学的,他自力更生,创造了一百多种科学仪器,所有仪器都放在生物馆中展览,供大家参观。

可见,先生特别重视生命教育,生命教育的内涵包括从生命的自然属性、社会属性、精神属性延展而来的生命的长度、宽度和高度,关乎学生的生理素质、社会素质、思想素质与价值追求。

二十　陶行知先生创办的晓庄师范只有指导员

晓庄学校在组织管理上做了独特的实验。晓庄师范设校长一人,由陶行知自己担任,校内设执行部(校长兼部长)、研究部、监察部。执行部下设第一院(小学师范院)、第二院(幼稚师范院)。第一院由赵叔愚任院长,第二院由陈鹤琴任院长。校长、院长之下各设干事一人、校工一人。乡村师范的教师不称教员,统称指导员。学校除校长、第一院院长、第二院院长、指导员外,不设其他职员,实行指导员学生集体治校,民主管理,它的组织叫"乡村教育先锋团"。

晓庄学生在池塘边自主练习器乐

传统学校先生教给学生知识,故称为教师。晓庄学校认为,先生不是全知全能的,先生可以教学生,学生在某一方面有专长,也可以教先生。老翁可以向小孩子学习,大学教授也可以向老农学习。所以,晓庄学校没有教师,只称指导员,既可指导学生,也可以指导其他指导员;学生可以指导其他学生,也可以指导指导员。

晓庄乡村师范学校的指导员,有专任的,也有兼任的。1929 年时,晓庄学校有指导员 23 人,"专任十三人,兼课十人;学生大九十人,小五百人"。到 1930 年时,学校有指导员 31 名,分别是:陶行知、江问渔、吕镜楼、邵德馨、潘一尘、张宗麟、陆静山、徐世璧(女)、王荆璞(女)、姚文采、韩凌森、朱葆初、丁柱中、罗公陶、李兆广、左明宵、吴研因、黄石庵、宋鼎、王子建、秉志、陈鹤琴、许士骥、黄齐生、马绍季、张宗汉、尹同山、杨晓春、赵颜如(女)、王文瑾(女)、高毓敏(女)。其中,曾在或当时正在大学教书的有 10 人,约有 6 人有出国留学的经历。陶行知、赵叔愚、陈鹤琴、黄齐生、秉志、丁柱中都是学贯中西之人。有些出身名校,如哥伦比亚大学、北京大学、金陵大学,对于一个师范学校来说,可谓师资精良。

陶行知教育思想是一座灯塔,照耀广大学生不断前行,大家都是担当者、践行者和创造者。

二十一　陶行知先生创建晓庄佘儿岗茶馆

陶行知先生是爱茶之人,他对家乡的茶有着深刻的理解和强烈的感情。他说:"我们徽州的土产本来不错,你看朱晦庵、戴东原那些先贤,哪一位不是土产?""譬如茶叶是家乡的土产,我们徽州人是没有不喜欢喝徽州茶的。"陶行知先生与茶商谢育华是至交;谢育华与陶行知先生是同乡也是校友,两人关系密切,友情深厚。在陶行知先生创办晓庄师范学校时,谢育华接到邀约信后即从上海赶到晓庄师范任教,他与陶行知先生一起带学生下田劳作,一同开办茶馆并给予晓庄师范在经济上的支持。佘儿岗茶馆在现在晓庄小学牌坊的右边山坡上。

正因为陶行知先生出生在茶乡且喜爱故乡的茶;所以,陶行知先生写了一首《毛峰茶诗》:"茶吞黄山云雾质,水吐漕溪草木香。来客若是玉川子,多喝一碗又何妨。"这首茶诗对黄山毛峰茶的产地、环境、品质都有细致的描述和赞

晓庄的佘儿岗茶馆

誉。是啊,故乡的毛峰茶既香又甜,多喝一碗又何妨啊!

1927年3月,陶行知先生创办晓庄试验乡村师范学校,吸引了很多有志青年,他开始了大规模的以整个社会、整个实际生活做教育的实验。晓庄师范学校附近有一个佘儿岗村,还有一片茶园,陶行知将这片茶园命名为"中心茶园",自己亲任指导,还聘请农友陈金禄担任经理。在这片茶园旁,陶行知先生创建了一家专为庄稼人办的茶馆。

为了办好茶馆,陶行知先生专门雇了一位村嫂负责烧水、冲茶。每天傍晚留声机的音乐响起,佘儿岗村那些嗜茶的老汉们,便三三两两走进茶馆喝茶聊天。庄稼人劳累一天,只有黄昏后才有闲暇时间坐到这里喝茶,喝着酽酽的茶汤,他们消解了一天的疲乏,在氤氲茶香中享受那份苦中作乐的惬意。

茶馆自开张那天起,便门庭若市。所以陶行知先生在茶馆门口柱子上自撰茶联:"嘻嘻哈哈喝茶;叽叽咕咕谈心。"晓庄师范的学生也在茶馆里和农民一起当炉烧茶,并在陶行知的带领下开展农民教育活动;他们根据农民的特点,以说书的方式教农民识字,边喝茶边解释,寓识字于品茶之中。农民们说:"有这么有意思的地方,谁还去抽鸦片、赌博、干坏事?"晓庄的生活,充分体现了改造社会、启发民智的精神。

因佘儿岗的茶馆收到了非常好的效果,陶行知先生又规定晓庄师范的师生在每一所中心小学的附近都要办一所民众茶馆或茶园。此后,类似的茶馆便如雨后春笋般涌现。佘儿岗茶馆由一花独放到迎来百花盛开,在中国教育史上可谓是绝无仅有的创造,在中国茶史上也是前无古人的佳话。这些茶馆,并非单单是喝茶聊天的地方,同时也是教育乡村民众的课堂和丰富民众娱乐生活的场所。正如他为一家茶馆撰写的对联:"为农民教育之枢纽,是乡村社会之中心。"

先生在晓庄,生活在下层人民之中,他亲眼看到缺知寡识所受的欺凌、盘剥和无助,直观到教育的价值,领悟到人民的出路之所在。先生之忘情于普及教育、乡村教育、国难教育、民主教育,是因为这些教育当中蕴含着利民、强民、智民、集惠民众的因素。先生之为民落在实处。茶馆是教百姓认字的好地方,每到晚上,先生与他的学生来到茶馆,教平民识字,让知识成为行动的力量。

二十二　陶行知先生为事业抛弃500块大洋月薪

陶行知先生在晓庄,居住在五柳村,冯玉祥住在冯村,两家相距四百米。陶行知先生初到晓庄,连住的地方都没有。据当年晓庄学校的小学生张成和说:"陶行知最大的人格魅力是为事业抛弃500块大洋月薪,脱下西装、皮鞋,住在牛棚里面,和老牛生活在一块儿。"他在给家人的信上说自己:"快乐得像活神仙一样。"

500大洋相当于现在的多少钱?

陈明远详考《鲁迅日记》后的结论:"五四时期,对于(北京)文化人来说,全家每月必需的生活费(伙食房租交通费)80圆已经很宽裕了,城内一座8~10间房的四合院,房租每月仅20圆左右","以平民为对象中等饭铺,2圆钱一桌的便席,菜谱有:四冷荤、四炒菜、四大碗大件。这一桌菜相当丰盛,10个人是吃不完的"。

1917年,陶行知应聘担任南高师教员,月薪160元。1919年10月,陶行知任南高师教务主任之职,月薪也随之涨到250元。1922年7月,陶被聘为教育改进社主任干事,月薪240元。1925年6月,陶当选中华教育文化基金董事会执行秘书。在此两社团陶在最高峰时月薪达到500元。陶行知为事业抛弃500块大洋月薪,到乡村来吃苦,是陶行知先生最大的人格魅力。

"穿草鞋,自由得很。"陶行知是东晋大诗人陶渊明的后代,陶先生从以陶渊明为代表的中国传统文人精神的追求中吸取营养,其人格魅力感召后人。为了遥奉先祖,他把住的草房,取名为"五柳村",草房的山坡植有柳树,求祖先庇荫,以勉励后人。现在五柳村在南京卫生高等职业技术学校(中央门外晓庄村40号)北面的小山上。向南400米就是冯村。

陶行知先生在晓庄

陶行知身着长袍马褂、执文明棍、戴金丝眼镜,拼凑起来的尊贵行头,不过是与士绅高层酬答的必要装扮;而脚穿草鞋,与乡民同吃同住同耕同种的乡下人形象,才是这位平民教师与社会改革家的真正本色。

大先生在晓庄,面对磨难,永不屈服。身教大于言传,先生总是刻意设置身教环境,影响他人。榜样的力量无穷,晓庄学生深受影响。

二十三　陶行知先生:"冯将军一直支持我办学"

根据陶行知先生当年同事邵仲香回忆:冯将军与陶先生关系极好,先生在晓庄办学时,冯将军一直给予支持。晓庄幽静的乡村景色吸引了冯将军,他自费造了一间茅屋,公余之暇,便来晓庄小住。著名历史学家翦伯赞先生曾谈道:"冯将军的一生,每天每时,都在学习,不断地学习,切切实实地学习。"最近看见一张冯将军在冯村茅草屋下看书的照片,1928年的一个冬日的下午,冯玉祥将军在冯村专心看书。冯玉祥将军每天必须花一定时间学习。在《我的读书生活》中,冯玉祥曾写道:"这些书可以使我认识过去、现在,知未来,可以使我获得正确的人生观,可以使我不走错了路,可以使我的意志更加坚定,可以使我时时刻刻在前进。"这正是冯将军对学习生活的真实写照。冯玉祥住在冯村,与先生来往更加频繁了。

冯玉祥在晓庄冯村

2019年清明时节,陶先生的学生史军女士来南京行知园祭拜陶墓,回忆起陶行知与冯玉祥在重庆的一段交往。1941年1月,陶先生当时住在重庆市郊的北碚火焰山公园清凉亭,当时史军负责收信、收报和送信。一天,冯将军来了,冯将军比陶先生身高高半个头,身材魁梧,声音洪亮,客厅里两人谈得很投机,气氛友好。陶先生说:"焕公,抗战日炽,国民疾苦,苛捐日重,令人痛心。"冯将军答道:"市区人口密集,日寇空袭频繁,平时经常跑警报上,让人胆寒,给重庆造成重大打击,就是想动摇中国之军心和民心。中国民众必须坚定抗日信心,我们不能屈服,必须努力抗日,充分表现中国人民的精气神。"冯玉祥在重庆的旧居位于沙坪坝陈家桥镇白鹤村。1939年年初,冯玉祥将军购买该院,命名"抗倭庐"。抗战期间冯玉祥和夫人李德全及其子女在此工作,生活了7年。陶行知先生1939年5月来到重庆,成立育才学校筹备处。1939年7月,这所具有少年专科性质的育才学校在重庆北碚北温泉诞生。陶行知是学校校长,冯玉祥将军是副校长。8月初,学校迁到草街子凤凰山上的古圣寺。正式上课,头一批到校学生40人,开学时有学生71人,到年底增加到近百人。第二年增加到152人。重庆育才办学至1946年4月。学校开音乐会,这位"基督将军"上台唱起山东民歌《爸爸上山去打柴》,歌词是他自己填的。校门前立着他写的字,犹如有了护符,看护着育才的孩子们。

  1939年12月31日在火焰山清凉亭,举行陶行知与吴树琴的结婚仪式,冯玉祥将军前去祝贺,送上怀表,以做纪念。陶行知和冯玉祥之间的情意耐人寻味,有一种隐秘的关系。费正清说过:"陶行知和冯玉祥之间有一种隐秘的关系。"正如陶行知自勉诗中之所说:"为一大事来,做一大事去。"这个大事,就是乡村教育,是朝向大众的。他们两人的情感是系于民间的,古圣寺里收养着的,是近两百个失了家的难童。他们两人有大爱之心,为了让孩子们受到好的教育,艰苦前行,报效祖国。

二十四　陶行知先生是"最中国"的留学生

  陶行知先生在晓庄的日子,经常穿着一件棉袄、一条布棉套裤,戴一顶西瓜皮帽,留洋归来的陶行知,回到了"最中国"的穿衣风格。我们可以理解为:一个留洋归来的洋博士对乡土中国的回归,一个彻底觉悟的中国人,向自己中国性的回归。"我们身在此时,有一定的使命。"他自己虽然是一个精英知识分子,但是他并没有将自己看成是一个高高在上的精英知识分子。

  晓庄学校,没有校门,没有围墙,学校与生活相结合,学校与社会相联系。

  陶行知先生的用意:一是让农民切身认识到,只有组织起来,才会发生力量;二是让农民学会如何创建组织和运作组织;三是在组织活动中,培植他们民主决策的能力。其实陶行知先生最喜欢跟农民交朋友。

  陶先生组织师生和农民开展乡村自卫工作,提高农民的自卫力,援助农民不受欺凌,推动乡村向文明发展,作出了积极的贡献,联村自卫团对于地方土匪劣绅起到了一定的威吓作用。同时以联村自卫团为平台,建立禁烟、禁毒等

"最中国"的留洋博士

组织,努力肃清影响社会治安的不良活动,对于创建文明健康的乡村社会风气,产生了积极的作用。

陶先生请来迈皋桥老街的木匠,教学生们做小板凳,进行木工劳作。先生还组织文娱活动,如化装舞会、唱歌、演戏等。化装舞会、现代话剧等,晓庄学校师生通过这些活动丰富了文化娱乐生活。

先生在晓庄喜欢戴"西瓜皮"帽,穿长衫和木鞋。先生在晓庄,喜欢跟农民交朋友,晓庄的村民称陶行知为"陶叟"。他经常到农民家里去,经常了解群众的实际痛苦、愿望和要求,征求农民对学校的意见,虚心向农民请教自己不懂的事情。他和晓庄一个叫陆健祥的农民交上朋友,他一到晓庄就搬到陆家去住。主人的三间小草房很挤,他就住在牛房里。在牛的对面搭了一张铺,和牛睡在一起。房子里满地牛粪,臊气味很大,他却高兴地对人讲:和牛大哥同睡,只闻牛粪香。由于陶先生诚心诚意地跟农民交朋友,农民跟他很亲热,有什么话都愿意跟"陶叟"讲,有什么困难都喜欢找"陶叟"帮忙。

大先生在晓庄期间,从中国农村实际出发,创立了本土化的教育理论,并用于实践,为农民兴办了好多乡村事业,深受人民群众的欢迎和爱戴。

陶先生热心给农民办事,方圆几十里的农民都很爱戴他。农民对学校的事情也非常支持,关系很密切。学校在周围农民的帮助下,越办越大,越办越好。他用四通八达的教育,创造了一个四通八达的社会。

陶行知对中国的文化作出过巨大贡献。除了教育领域外,他在语言文字、文学创作、大众艺术、科学普及、新闻出版等诸多方面,作出过突出贡献,为繁荣近现代中国的文化事业奠定了坚实基础。因此,学术界称呼陶行知先生为"文化巨人"。陶行知"文化巨人"的历史作用表现在:站立于时代文化发展的前沿,独立于文化思潮的浪尖;领文化之风骚,开时代之先河。正因如此,陶行知才是这样一位在诸多方面都独领风骚的文化巨人。

二十五　陶行知先生把晓庄师范称为"阳光下的诗意生活"

晓庄学校的校舍,都是先生带领学生自己盖的,有犁宫、五柳村、书呆子莫来馆、食力厅、黄金世界、桃花村、樱花村,等等,先生给它们起了富有诗意的名字,让冰冷生硬的教学硬件焕发出诗意,让学生在日常的生活环境中播撒诗意。

1927年6月15日,先生给他的母亲、妻子、妹妹和四个孩子写信:"知行近在乡村师范工作,快乐得像活神仙一样,整日打赤脚,穿草鞋,自由得很。昨天竟这样走进城来,和穿马褂的先生们一块儿吃饭,别有趣味。大前天,我们自己造了个茅厕,前天自己做了一个浴堂,昨天又自己做了个厨房。明天晓庄小学行开学礼,乡村医院行开幕礼。我们大家抱了一个方针:应守纪律的地方,绝对服从;应当自动的地方,绝对自由。时局太平了,家搬到南方来,一同过这个乡村生活,那就格外快乐了。"

这封信反映出陶行知先生在晓庄过着"神仙一样"的生活,因为他爱教育,因为他爱人民,他才会有如此这样的快乐,如此喜欢晓庄的乡村生活。陶行知的锦囊中没有"难"字,没有"苦"字,也没有"败"字。他总是仰头乐干,乐观前行。

1927年12月3日,陶先生给他妹妹去信:"晓庄并不苦,生活比别的学校要快乐一百倍。"反映出陶行知先生苦中作乐的乐观精神。

走近陶行知的"生活世界"。先生所处的时代,正是古老的中国与新兴的西方在军事冲突、外交纠纷、经济竞争的时代,还是两种不同社会制度、历史传统、文化体系同在却又相互冲突与交融的时代。陶行知与那个时代的文化群英别无二致,既饱经了传统文化的熏陶,又接受了西方文化的洗礼,正所谓:旧学问与新知识兼备,传统性与现代性并存。因此,陶行知是一个中西文化冲突与交融的"人"的范本。陶行知的人生志向明显受时代环境的震荡,发生过四次重大的转变——医学救国、文学救国、政治救国、教育救国。正是这样的成长路径,铸就了他为中国教育普及坚定踏实而不懈努力的精神品格,逐步具备了超人的能力,作出了非凡的贡献。

走近大先生陶行知的"精神世界"。思想体系的完善是陶行知文化巨人形成的精神动力。通过青少年时期的知识学习与文化积累,以及外界环境的影响,陶行知逐步形成了自己的精神世界。这个丰富的精神世界,既是其文化巨人形成的界标,又是指导其进行创造实践活动的指南。政治上,先生开始是旧民主主义者,最后发展为反蒋反专制反独裁、拥护中国共产党、具有鲜明社会主义倾向的新民主主义者。哲学观点上,起初信奉王阳明的知行观,后来接受了杜威的实用主义思想,最后成为唯物辩证法的接受者。教育观上,从主张民族主义教育思想,到接受杜威实用主义教育思想,到最后融汇中西建立生活教育学说。陶行知在艰辛的求学、不懈的追求中形成了一种特殊的模范人格。

走近大先生陶行知的"创造世界"。陶行知的创造世界是酝酿于生活世界之中,建立在精神世界之上的人生境界。他之所以能够成为文化巨人,关键的标志就在于其能够创造性地在文化教育领域作出突出贡献并创造出新的理论,通过自己在文化理论与实践中的创造性成就来构筑、创造世界。陶行知一贯倡导创造,为了推动中国形成创造之风,他专门写了《创造宣言》,其"处处是创造之地,天天是创造之时,人人是创造之人"的名言警句鼓舞了一代又一代的迷茫青年。在他的心目中,创造是永恒的主题。先生在晓庄,创造性地兴办了南京晓庄师范学校,打破了传统教育模式,开辟了中国近现代教育实践的新局面;创造性地提出了生活教育学说,"生活即教育""社会即学校""教学做合一",为中国近现代新教育运动的兴起与发展提供了重要理论资源。在文艺创作方面,陶行知创作了明白晓畅、风格独特的"陶派诗",开拓了中国近现代诗歌创作的一代新风。创新成就汇聚起来,造就了陶行知的创造世界。

走近大先生陶行知的"接受世界"。陶行知在国内外拥有着广阔的接受与研究受众,毛泽东称之为"伟大的人民教育家",董必武誉之为"当今一圣人",宋庆龄赞之为"万世师表",林伯渠称之为"反洋化教育、反传统教育的旗手"。习近平总书记也多次在不同场合提及陶行知,对陶行知的思想、事业、人格与精神予以充分肯定。陶行知在国内、国际享有盛誉。日本学者斋藤秋男称赞:

"陶行知不仅是属于中国的,也是属于世界的。"

当今,"双减"背景下,接受陶行知的教育思想,彰显学校应有的教书育人功能。回归陶行知生活教育实践,培养社会主义建设者,让孩子将来能够成长为让党放心的栋梁之材。

接受陶行知教育思想,落实学校学生生活教育实践,保证学校立德树人根本任务落实落细,让广大学生日有所学、周有所垒、月有所进,年年有收获。

接受陶行知教育思想,提倡"学生站立学校正中央"。以学生为本,回到学生自己的"学校精神王国",致力于促进学生全生命周期健康发展。

接受陶行知教育思想,"双减"与新课标有机统一。学校要从学科素养到学生素养培养方面都有所作为,让学生在校生活教育实践中高质量发展,保障学生身心健康发展。

接受陶行知教育思想,优化全天候"1＋X课程"课表,让学生的生活教育看得见、夯得牢。学校学生生活教育实践时间周期符合身心节律,内容结构全面而有丰富的选择,实现每个儿童的"全面发展"与"个性发展"有机统一。

接受陶行知教育思想,从"晨启时光"开始,学生自主体育锻炼,用身心的律动唤醒一天的学习节奏。在国家"1"课程落实的"学习时光"中,师生进行着课堂沉浸式的体验与互动。

接受陶行知教育思想,让学生在不同的时间模块里,学生可以实现:我的课间我选择,我的课堂我喜欢,我的项目我做主。

接受陶行知教育思想,沉淀和梳理一天的生活实践收获。学生都会自发总结"三个好习惯":一个好心情,引导学生积极调节一日的心理与情绪;一个好问题,引导学生发现问题、提出问题,学会"吾日三省吾身";一个好收获,引导学生梳理一日的实际获得。

接受陶行知教育思想,课后服务"X课程"的"个性发展时光"。有"学科＋"学业强基内容;有基于兴趣培养的内容;有基于特长持续发展的社团内容。学校努力做到底部质量提高,在校内完成课业的基础上,建构自己适性扬才的"第二发展曲线"。最后延伸到家庭,带着一日学校生活的收获和思考回到家庭,持续延伸学校的好习惯和好行为。

接受陶行知教育思想,生活教育实践高质量育人,让学习实现解决现实生活问题。课堂是连接课程与课业的轴心,在时间与空间上要保障课程在学生生活教育中的效果转化,达成"课程—课堂—课业"统筹。学生是学习的主人,引导学生在日、周、月、年时间轴线的全学程中,自主进行周计划、周记录与周反思，形成日积跬步的生活笔记。学生的课堂学习与现实生活世界产生真实的链接，形成长周期、富于挑战性的研究型学习，构建"课堂小天地，天地大课堂"的学习生态，做好学生成长的全景观察、诊断与反馈。

接受陶行知教育思想，学校每周四有个"一日蹲班"，直插教学现场研究。校长带领包括科研、教学、后勤在内的所有管理者、项目主任、研究员，集体汇聚在某一个班级从早到放学整整一天，把问题当现象研究，反哺学校管理与决策，真正辅导落实得怎么样，如学生学习时长的科学性、身心发展的协调性如何，班主任及科任教师的和谐性、班级环境创设的安全性和加餐搭配的合理性怎样等问题。

接受陶行知教育思想，让实践场域良性运行，促进家校社共育一体。学校作为育人主体带动家庭，家庭反哺学校，家校共同发展、共同"促进"。"促"是家校彼此积极促成价值共识，"进"是学生高质量、有进展地提升。在家校"促进"中，寻找协同育人的最大公约数，构建起"家校社一体化"同向共育的新关系场域。"双减"时代，回归生活教育实践，让行知教育有新作为。

大先生陶行知扎实的学识，来源于向实践学习、向人民学习、向国外学习、向书本学习、向他人学习。纵观陶行知一生的教育实践，涉及的教育领域之广在中外教育史上是少见的。他不仅涉及学校教育，而且涉及家庭教育、学前教育、社会教育等，他的生活教育学说是从整个社会着眼的，是从提高全体国民素质着眼的，他的理想是"要把教育、知识变成空气一样，弥漫于宇宙，洗荡于乾坤，普及众生，人人有得呼吸"。

第四部分　仁爱之心

> 爱满天下,甘当人梯

做好教师,要有仁爱之心,好老师要用爱培育爱、激发爱、传播爱,通过真情、真心、真诚拉近同学生的距离,滋润学生的心田。"好老师甘为人梯,应该把自己的温暖和情感倾注到每一个学生身上,用欣赏增强学生的信心,用信任树立学生的自尊,让每一个学生都健康成长,让每一个学生都享受成功的喜悦。"他同时强调,"大道之行也,天下为公",要坚持以人民为中心,厚植人民情怀,增强仁爱之心。大先生陶行知一生以"爱满天下"的胸怀爱国家、爱人民、爱学生,为了苦孩、甘为骆驼,完美地诠释儒家的仁者爱人思想。

一　陶行知先生书写燕子矶头的劝生木碑

燕子矶位于南京城北幕府山,这里山崖陡峭,三面临江,壁立千仞,矶下面是一泻千里的长江。从此处跳下去的人,"生还"绝是奇迹。正是因此,它才成为无数自杀者的首选地。

从清末民初开始,就不断有轻生者从上海、苏州等各地相继前往燕子矶投江。当时的民国报纸上,最不缺的社会新闻便是"某某人在燕子矶跳江自杀"一类。

先生在晓庄的日子,多次听到晓庄村民说:有人或因生活艰困所迫或因个人私事所难,到燕子矶头跳崖投江。陶行知先生为此,甚感痛心和惋惜。先生为防止这种不幸的事再次发生,就让木工制成两块木牌,亲自写上字。一块上写着"想一想"三个大字,还用小楷字写:"人生为一大事来,应当做一大事去。你年富年强,有国当救,有民当爱,岂可轻死!"另一块写着"死不得"三个大字,小楷字是:"死有重于泰山,有轻于鸿毛,你与其为个人的事投江而死,何不从事乡村教育,为中国三万万四千万农民而死好呢?"两块木牌,让学生设置在矶头上。

陶行知先生书写的燕子矶头的劝生木碑

从此来寻短见者看到,便从中得到感悟,于是就消除了自杀的念头。这被称为最早生命教育的典范。

现在燕子矶山顶处立的劝生石碑

今天的燕子矶山顶处,立着一块1米多高的石碑,这块石碑不是用来记地名,也不是用来附庸风雅,而是用来劝轻生者回头的。石碑上刻着"想一想死不得"六个大字,落款是陶行知,轻身者大多来自全国各地,因生活、工作、爱情受挫,坐火车来跳长江,看见先生写的"救生碑",立马回头。石碑挽救了许多人的生命。可见,先生是最早实施珍爱生命教育的倡导者,"想一想死不得"六个字,通俗易懂,引导人们正视挫折,提高生活的承受力。提醒大家珍惜生命,爱护生命。

二 陶行知先生:"晓庄是在爱中诞生的"

晓庄学校的校旗是陶行知亲自设计的,中间一个大大的"活"字,表示晓庄学校要告别传统的读死书、死读书、读书死的死教育,实行读活书、活读书、读书活的活教育。活字两边有代表读书的笔和代表劳动的斧头,"活"字上面是一个"心",表示要把整个的心献给乡村教育,"四面有一百个金色星布满全旗,代表一百万个学校,改造一百万个乡村,使个个乡村都得到光,合起来造成中华民国的伟大的光"。

陶行知先生亲自设计的校旗

《试验乡村学校答客问》记载:"我们要筹集一百万资金,召集一百万位同志,倡办一百万所学校,改造一百万个乡村。"陶行知:"我们要叫中国一个个的乡村都有充分的新生命,晓庄是在爱中诞生的,没有爱,就没有晓庄。"

陶行知为了人民,敢于担当,敢于担责。他曾经多次保护、营救革命进步学生。陶行知先生创办晓庄师范,主张青少年走出校门,接触实际生活,接近劳苦大众,参加社会实践,为地下党的工作创造有利条件,培养了很多地下党、团员。晓庄学校是"自由园地",陶行知不干涉学生的政治信仰,但是要求"不能害人,可以争论,可以讲道理,不能吵,不能告密"。陶行知支持晓庄师生参加反帝爱国运动,积极救援被捕地下党员学生,客观上保护了党员学生和地下党组织。

陶行知先生解救晓庄学生马纯仁。晓庄学生马纯仁(地下党员)因搞革命活动被反动派逮捕,陶行知专派蓝九盛同学前往探监,致函江苏省高等法院担保马纯仁同学出狱。函曰:"本校学生马纯仁于五月二十一日被首都公安局拘去,已转移贵院。查该生于十七年九月来校,勤奋异常,学业成绩极优,平时言行谨饬,毫无不法举动。此知行所可担保者也。此次猝遭拘捕,校中师生莫不诧异,务祈贵院长秉公明察,庶几清白学生得早日脱其罪之缧绁,全校师生实同感焉。"不久,马纯仁即被释出狱。

陶行知营救晓庄学生孙铭勋。学校刚刚被封闭,孙铭勋同志即被捕入狱。陶行知写了一封亲笔信交戴自俺带到南京去找张治中将军(时任中央陆军军官学校教育长)。陶行知与张治中私交甚深,经张将军努力,终于成功营救出孙铭勋。

陶行知先生解救晓庄学生刘季平。1932年6月,刘季平二次被捕。刘季平是晓庄地下党第一任支部书记,晓庄被封闭后他是最早被捕的同志之一,因当时转到苏州监狱才幸免于难,遂组织难友越狱逃到上海。在此被捕后,陶行知在其即将开庭审讯前四小时,筹借到五百银圆,为其请了辩护律师,使之免遭反动派处决,并转移到山东烟台监狱囚禁。陶行知又写了亲笔信派徐明清呈请冯玉祥将军出面找到山东政府主席韩复榘出面解救,因为当时山东省政府主席韩复榘原是冯玉祥部下。陶先生在信中写道:"焕章吾兄:晓庄学生刘季平被捕,近已解往济南。敢仗鼎力救援。倘蒙援手,感同身受。弟知行拜上。"冯玉祥见信后,立即找了韩复榘,尽力营救,使刘季平终免于被杀害,并在"七七"抗战后作为政治犯获释。

陶行知营救晓庄学生戴伯韬。戴伯韬是晓庄师范地下党员。1936年他跟随陶行知参加了育才学校的创建工作。皖南事变后,国民党反动派加紧反共,戴伯韬得到组织通知要赶快撤离。戴伯韬等五六人隐蔽在陶行知住所的阁楼上。每天一早,陶先生出外买一包面条回来,请他们吃。有一天,陶行知回来告诉他们:"今天早上我碰到余仲篪(原晓庄学生),他已经爬到国民党少将特务的位置了。他认识你们,你们不要再出去了!"风声越来越紧,重庆不断传出共产党员、进步人士被捕被杀的消息。陶行知先生觉得再住下去,难免要发生危险。其他几个人陶先生都托朋友设法转移出去,就剩下戴伯韬。特务正到处寻找戴伯韬的踪迹,陶行知想到老朋友冯玉祥将军。一天晚上,陶行知把化了装的戴伯韬悄悄带到巴蜀中学冯玉祥公馆。陶行知把伯韬介绍给冯玉祥:"他是我的学生白桃,国民党要抓他,他没有地方住,想在你这里住一阵,你看行吗?"冯玉祥非常相信陶行知先生,他毫不犹豫地说:"欢迎!欢迎!"陶行知在告别戴伯韬时,紧紧握住他的手再三叮咛:"你要处处小心,一切听冯将军的安排。希望你到了光明区以后加紧努力,但愿将来我们还有见面的一天!"他说完转身向冯玉祥拱手告别:"焕章兄,一切多多拜托!"冯将军豪爽地笑道:"你的学生也就是我的弟子,我会安排好的,你尽管放心。"戴伯韬在冯公馆住了一个多月,后来,冯玉祥派了一个师长,让伯韬装作士兵混在打猎的队伍里护送出去,使他脱离了虎口。戴伯韬终于辗转到达了苏北解放区。

事实说明,先生朋友圈大多是中共党员,为了学生,勇于担责。陶行知有多大担当,就能干多大事业;先生尽多大责任,就会有多大成就。

大先生在晓庄,实施"生活即教育"实践,即生活含有教育的意义和作用;教育应以生活为中心,通过生活来进行;生活决定教育,教育改造生活;整个的生活要有整个的教育,而且"到处是生活,即到处是教育"。

陶行知认为"社会即学校",即"社会含有学校的意味"。"到处是生活,即到处是教育;整个的社会是生活的场所,亦即教育之场所";"学校含有社会的意味",即学校要"了解社会的需求",为社会改造和发展服务;"运用社会的力量,使学校进步,动员学校的力量,帮助社会进步"。主张冲破学校与社会之间的"高墙",把学校的一切伸延到外面的世界,促进"封闭式"的教育逐步向"开放式"的教育转变,使学校与社会、教育与生活密切结合,培养真正适合社会需要的各种人才,让教育真正成为推动社会进步的力量。

"教学做合一"是陶行知生活实践教育的途径与方法。教、学、做不是三件事,而是一件事。他以"做"为中心,把教与学统一起来,主张"教的方法根据学的方法;学的方法根据做的方法。事怎样做便怎样学,怎样学便怎样教。教与学都以做为中心。在做上教的是先生,要做上学的是学生"。先生拿做来教,乃是真教;学生拿做来学,乃是真学。此外,这种"做"不同于狭义的"做",而是"包含广泛意味的生活实践的意思",是人类生活中一切有意义的活动。这种"做"不排斥传统的讲授、谈话、练习、考试等方法,将这些具体方法统一在实践上,要求教与学都要与实践相结合,从实践中去追求真知识。这种"做"具有行动、思想、新价值的产生这三个特征。

"教学做合一"的目的在于培养在劳力上劳心、手脑双挥的人,它弥补了传统教育重教而不重学、重知而不重行、重教师主导作用而忽视学生主体作用的不足,有助于加强教与学的结合、学与用的结合、教育与产生劳动的结合、劳力与劳心的结合、理论与实际的结合,促进人的智力、体力和谐发展。

三 晓庄是一片充满红色的热土

陶行知创办晓庄试验乡村师范学校时期,开展生活教育和乡村社会建设与改造运动,学校成为国内进步青年云集之地。在中共南京市委领导下,晓庄学校党团组织团结进步,积极工作,教师学生开展了一系列的革命斗争,晓庄学校成为20世纪二三十年代"革命的温床"和中共南京党组织活动的重要基地。

当时的晓庄,正处大革命失败后,白色恐怖笼罩,革命处于低潮时期。在这危急时刻,晓庄学院10位青年学生接受革命真理,加入党团组织。在共产主义信仰的引领下,他们把个人的理想与国家和民族的前途命运紧紧联系在一起,以火一样的热情投身革命活动。

晓庄学校经过一年多的发展,联村自卫团、中心茶园、中心小学、晓庄剧社等校内、外组织已然成形。中共党员、团员在晓庄非常活跃,成为晓庄的中坚力量,并利用活动积极培养和吸收优秀分子。

1929年年底,晓庄师范的革命空气愈加浓厚,地下党、团友已有二三十人。而作为中共南京市委重点发展的和记洋行党支部,到1930年2月,已经有党员10人。

1928年的夏天,中共晓庄支部正式成立。从各地转来组织关系的党员有刘季平、石俊、汤藻、马名驹、叶刚、马纯仁、徐明清等人。晓庄学校犁宫后山的小松林,是共产党员经常开会的地方。中共晓庄支部是南京地区最早的党支部之一,直属中共南京市委的领导。第一次会议选举刘季平为支部书记。不久,又成立了共青团晓庄支部,由女学生徐明清担任支部书记。

大先生在晓庄,正值国家多难、民族危亡的生死关头,他带领着晓庄师生,以"捧着一颗心来,不带半根草去"的赤子之心,与劳苦大众休戚与共。他们为谋求中华民族的解放,为探求中国教育的新路披荆斩棘、不惮前行,他们是时

第四部分 仁爱之心

晓庄地下党组织在劳山松树林活动

代的精英,更是民族的脊梁。石俊、叶刚、郭凤韶、谢伟棨、袁咨桐、姚爱兰、沈云楼、胡尚志、汤藻、马名驹等十位晓庄师范的学生,在党的引领下,积极参加支援和记洋行工人罢工的示威游行,他们遭到国民当局的逮捕。在狱中,他们坚贞不屈,最后血染雨花台!他们用年轻的生命,谱写了一曲荡气回肠的英雄壮歌!

1930年4月12日,国民党南京卫戍司令部派出一个团的兵力,全副武装开到晓庄,霎时,整座学校陷入围城。反动势力又以"勾结叛逆,阴谋不轨"的罪名,对陶行知下了通缉令。为保护陶行知,晓庄地下党组织连夜护送他往上海,不久后陶行知又不得不东渡日本避难。

晓庄学校被封闭后,地下党的同志和革命师生,一部分留在南京,继续坚持斗争,一部分转移到上海和其他地方,由沈云楼承担联络工作,来往于沪宁之间。1930年6月,以李立三为代表的"左"倾机会主义者在党中央占了统治地位。他们高估了当时的革命形势,推行一条"左"倾冒险的错误路线,制订了立即组织城市武装暴动的冒险计划。结果使武汉、南京等城市的党组织遭到了严重破坏,革命力量受到巨大损失。多数晓庄师范地下党的同志和师生在这个时期遭到敌人的逮捕和杀害。

晓庄办校三年零一个月,晓庄学校培养学生230人,其中绝大多数走上了革命的道路。卓有成效的工作受到了省委的表扬。1929年年底,时任中共江苏省委常委兼农委书记、沪宁巡视员陈云视察南京的工作,在给江苏省委的信中评价:"在南京的党组织中,晓庄师范的党组织战斗力特别强。现在七个学校有了群众,以晓庄师范最好。"

在雨花台英勇就义的晓庄十烈士中,有2人没有留下照片。他们当中不少人出身富裕家庭,受过良好教育,牺牲时正值青春年华。为了心中的理想和追求,他们毅然舍弃优厚的生活条件,走上充满荆棘的革命道路,虽身陷铁窗炼狱却临危不惧、顽强不屈,不惜流尽最后一滴血,献出年轻而宝贵的生命。

四 陶行知先生为了学生"巧答"蒋梦麟

晓庄的革命氛围空前浓厚,在国内外的影响越来越大,不由得引起国民党当局的注意。一天,国民政府教育部长蒋梦麟把陶行知先生找了去,问道:"晓庄办学进行得怎么样,不会出什么差错吧?"陶先生回答道:"人有时也会害病,一个团体出些毛病是意中事。晓庄是根据五种生活实施五种教育,有一个地方伤风,一个地方就会咳嗽。"

蒋梦麟好奇地问:"有哪五种生活?会出毛病的是哪几种?"

陶行知答道:"我们的生活是健康的生活,劳动的生活,科学的生活,艺术的生活,改造社会的生活。前三种我可以担保不出问题,后两种就说不定啦。"

蒋梦麟趁机说:"你何不把后两种生活除掉?"

先生幽默地回答道:"五官齐备才像一个完人,谁愿意怕伤风就把鼻子割掉?嘴也不能封起来啊!"

蒋梦麟无言以对,忽然又想起什么,问道:"听说晓庄学校里男女关系浪漫,有人看见男女同学合骑一匹驴儿,这有碍校誉吧!"

先生认真回答:"我校学生年龄大了些,自由恋爱的事儿在所难免,他们骑在驴背上,上见得天,下见得地,中间还可见到人。"说完爽朗地笑了起来,蒋梦麟一时哑口无言。

晓庄学校的生活教育实验引起了社会各界的普遍关注。党政要人纷纷慕名而来,蒋介石、宋美龄夫妇1928年下半年曾经两次到晓庄参观,军政部长冯玉祥经常到晓庄考察。晓庄师范生活教育在国内不断扩大影响的同时,也吸引了国际教育界的目光。

1927年9月,为了迎接在加拿大召开的世界教育会议,陶行知撰写了题为"中国乡村教育运动之一斑"的专题会议报告,其中重点介绍了以晓庄师范为代表的乡村师范学校和中心小学、中心幼稚园的实验工作,第一次向国际教育界介绍晓庄的生活教育实验,引起国际教育界的广泛关注。行知先生当年的班主任、美国哥伦比亚大学师范学院克伯屈教授在1929年10月下旬参观晓庄之后,预言晓庄作为教育革命的策源地必将在历史上留下很高的地位。

晓庄是革命的晓庄,是红色的晓庄。当时的晓庄有一批共产党员、共青团员,他们在晓庄事业中发挥了骨干作用,深得陶行知先生的赞扬和信任。他们在陶行知先生的教育与引导下成为有为的革命青年,是晓庄的中坚力量,陶行知先生对他们非常爱护与关怀,他们办的事情,陶行知先生尽力支持,有时还直接参加了。

五　陶行知先生支持学生的革命斗争

1930年3月,晓庄中心小学的200多名师生,准备到栖霞山旅游并采集标本,但没有钱打票,于是他们询问铁路局,能否准许免费乘车,却遭到无情的拒绝。有些孩子们气愤地反问道:"我们是工农子弟,我们的父母出力流汗筑成铁路,让财主老爷快活,倒不让我们旅行修学,这事合道理吗?"

这件事很快得到了其他小学师生的关注,地下党支部经研究决定支持这一场特殊的斗争,来提高小朋友们的觉悟,并决定由团支部袁咨桐、姚爱兰具体领导这场斗争。石俊、叶刚还帮助他们起草了一份《晓庄学校小朋友为争取旅行工学坐火车不打票宣言》,宣言中说:"火车是我们人民的血汗创造成功的,我们应当享有火车上的一切权利,因为我们是火车的主人。现在的火车被少数人强占去了,有钱的坐头等,没钱的连四等都坐不着,被拒绝在火车的门外,这是何等的不公平不合理的事!父老们!小朋友们!我们要起来,一致起来!实行旅行工学坐火车不打票!打倒火车上的阶级——头等、二等、三等、四等!铁路收归人民所有!"

星期天的清晨,晓庄中心小学学生在袁咨桐、姚爱兰等人带领下,列队前往和平门车站。到了车站,袁咨桐出面与站长交涉,站长坚持买票方能上车。双方正在争执时,有一列慢车刚好进站,车一停,只听哨子声响,200余人迅速分组上了车。站长慌忙高喊:"车上查票,不打票要补票!"列车开动后,有人来查票了,小朋友们就给他们一张《宣言》,同时在车内散发传单,发表演说,进行宣传,许多旅客都表示了同情和支持。

火车到栖霞后,小朋友们整队出了车站。下午4时左右,小朋友们采集了许多标本后,再一次直接涌上火车,回到和平门车站时,站长不让他们走,要求他们补票。袁咨桐说:"我们已向铁道部申请,现在身边没钱,你们随时来晓庄学校算账好了。"天已黄昏,站长无法,只得让他们离站。这次旅游斗争取得了胜利,陶先生很高兴,认为这次活动是小朋友们争取自由民主斗争的实际锻炼,他在大壁报上发表了一首诗鼓励大家,诗中说:"生来不自由,生来要自由;谁是革命者,首推小朋友!"

事发第二天,陶行知在美国留学时的同学、国民党铁道部部长孙科派人送给陶行知一封信,质问小学生不买车票的事情。然而行知先生全力支持晓庄中心小学学生要求免费、争取自由的斗争。陶先生执笔回信道:"此事确系我校学生所为,因时间仓促,未能事先陈清批准,实在不妥。今将原传单附奉,请贵部拟定小学生免费旅行条例,通告全国小学试行,此亦实现孙总理民权主义之一具体措施也。"

蒋介石知道了这件事后,认为晓庄师范校内有共产分子,蓄意破坏铁路交通。在"纪念周"上,蒋介石借这件事指名讽刺陶行知先生,暗地里加强了对晓庄师范的监管。

陶行知爱国、爱民,更爱中国共产党。先生为了国家,为了人民,全心全意跟着中国共产党走,仔细研读学习马克思主义著作,三次前往马克思墓拜谒,与中共高层周恩来、邓颖超、董必武、阎宝航、徐特立等人往来密切,为中共培养了一批优秀的战士,真正做到了鞠躬尽瘁,死而后已。陶行知先生是一个真正"无保留地追随党的党外布尔什维克"。

六　陶行知先生力行"爱满天下"

南京是"博爱"之都,其实孙中山先生的"博爱"与陶行知先生的"爱满天下"是一脉相通的。爱是要人与人之间互相关心、互相帮助,那么最基本的条件是"人人平等""有一颗热忱的心"。博爱是"对其他人有一种热忱的心,去帮助所有需要关心的人"。

博爱,既是无私的,又是广大的。既能把这种爱给予亲人,给予朋友,也能把这爱给予不认识的人。甚至是在平时反目的敌人遇难的时候也能伸出援助之手！爱是能让人心胸广大的,既然心中有了爱,再暴躁的人也会在爱的感召下变得柔情似水。百炼精钢都能化为绕指柔,可见爱的力量是多么伟大。博爱乃为仁者之爱！在中国春秋时代儒家就有"仁者爱人"的论述;唐代的韩愈有"博爱之谓仁"的说法。

先生在晓庄时表示:"晓庄是从爱里产生出来的。没有爱便没有晓庄。"因为爱人类,所以爱人类中最多数而最不幸之中华民族;因为爱中华民族,所以爱中华民族中最多数而最不幸之农人。他的目光,没有一刻不注意到中华民族和人类的全体。

他还说:"晓庄的教育不是要把个个学生造成一模一样,并且不愿他们出去照样画葫芦。晓庄同志以后无论到什么地方去,如果只能办成晓庄一样的学校,便算本领没有学到家,便算失败。没有两个环境是相同的,怎能同样地办?晓庄同志要创造和晓庄大不同的学校才算是和晓庄同,才算是第一流的贡献,才算是有些成功。"晓庄的根本精神在于爱和创造。

陶行知喜欢书法。先生不仅是杰出的教育家,也是一位优秀的书法家,一生所作书法作品近千幅。先生早年在私塾接受过传统教育,临习过颜柳楷体,后受当时北魏书风的影响,书法极具个性,功力精湛,笔法古拙苍劲。他曾为办学义卖过手迹,皆为手写大字,不拘一格,然其手札更具天性。先生在写字教育方面注重主体性、艺术性、思想性、系统性,具有很高的艺术与文学价值。

1927年12月至1928年1月,农家过新年的点缀品是大红对联,陶校长提议开展给农民书送春联教学活动,陶校长亲自担任指导。春联需有新内容,且要以迎合农友心意为标准。每人要创作一副对联,并书写两幅。

1928年,先生成功利用一个小细节,充分调动了学生写字的主体能动性。先生用上等宣纸装订一本美丽的大簿子放在办公桌上,以备学生质疑问题。这本簿子的封面贴上了一条泥金标签,上面写了"人生问题"四个字。旁边放一张通告:欢迎大家将各人心窝里的问题写出来,我预先考虑,再行答复。

在美丽的簿上写心中的事,是多么有诗意的事情啊！不得不说,鸡脚字是不好意思写在上面的。先生的目的达到了,同学们写问题之前,必将问题里的字练习好多次,才愿下笔,字无形中就艺术化了。

1934年,陶行知给重庆育才学校的办公室取斋号,名"逸少",并勤学苦练地临摹王羲之(东晋大书法家,字"逸少")的书法。每想到一个好的字,他就写到本上,在练字时,先生时常凝眉深思,乃至废寝忘食,他的笔式委婉含蓄,遒美健秀,翩若惊鸿,婉若游龙。

通过其存世的大量墨迹,我们看到了先生书法的非凡功底,他是一位素养颇高的文化人,更是位造诣甚深的书法家。先生的一副扇面现在保存在晓庄的陶馆里,在弧形的扇面上,书法布局有序,字字和谐于一体,美若一粒粒生动活泼的珍珠在跳跃,行行有度,疏而不乱。阅之让人心旷神怡,赏心悦目,其不失为一篇书法高品佳作。

陶行知手书"爱满天下"

先生爱生如爱子,教书亦育人。每当学生遇到困难的时候,他都会挺身而出,尽全力支持与帮助学生。挚爱是陶行知的圣洁灵魂。纯然的教育人有一个关键特征,就是对教育以及与教育有关的人、事、物的挚爱。这种挚爱有恒久性、贴心性、入微性和创造性。陶行知认为:没有爱的教育将会使之枯燥,像山泉枯竭一样,老师的爱是滴滴甘泉,即使枯萎了的心灵也能苏醒;老师的爱是融融春风,即使冰冻了的感情也容易消融。只有真正地爱孩子,像爱自己的子女一样,才能以心换心,才能得到孩子的理解与信任,教书育人才会有效果。教育就是爱的教育,是心心相印的活动,唯独从心里发出来,才能打动孩子心灵的深处。

七　陶行知先生的高尚人格

先生在晓庄喜爱散步,尤其喜爱漫步于荷花池,若有所思,但是见到农友、师生都会主动打招呼,平易近人,一点架子都没有。这位大先生精气神十足,作为散步者的形象更活灵活现。大家仿佛看见一位不断探求真理的学者,坚持着"要使全国人都受到教育"的愿望,为老百姓烧心香。行知先生不迷恋大学校园的宁静生活,而是专门研究和宣传教育改革。陶行知特别关注乡村教育,中国是"以农立国",而大多农民没有受到教育,乡村教育是他一生致力的重点。

1927年,陶行知放弃了每月500块大洋的高薪工作,来到南京北郊创办了晓庄学校。陶行知先生从国立东南大学辞职了,他那年只有36岁,但身上已经有了一串闪闪发光的头衔:美国哥伦比亚大学毕业,师从杜威、孟禄等美国教育学权威,国立东南大学教务长,知名教授。当时国内知识分子紧缺,大学教授每个月的工资能达到几百大洋。陶行知先生的月薪是500块大洋,三个月的工资,就够在北京买一套很豪华的四合院。但是,比起买大房子,陶行知更想去实现自己的梦想:"要使全中国的人都受到教育。"

创办晓庄学校的时候,陶行知提出了"生活即教育""社会即学校""教学做合一""在劳力上劳心"等一系列口号,在晓庄构建了他的"生活教育论"体系,并用于生活实践。

先生以此规划学校,指导办学,培养具有"农夫的身手,科学的头脑,改造社会的精神"的乡村教师,这一系列行动使晓庄师范别开生面,生机勃勃。陶先生放弃优厚待遇,脱下西装领带皮鞋,为了老百姓,与牛马为友,艰苦奋斗,改造乡村。他对入学新生除了进行笔试、讲演外,还进行了垦荒、施肥、筑路等"特别考试"。

陶行知先生在晓庄,整天头戴草笠,脚穿草鞋,带领师生一起参加建校劳动。他把图书馆命名为"书呆子莫来馆",还号召师生到乡下去,开展"会朋友活动",与农民交朋友。在晓庄,陶行知交过几个亲密的农友,因此直到今天,晓庄一带90岁以上的老人,还能清楚地记得陶先生的音容笑貌。

梁漱溟说自己衷心折服的只有三人,毛主席、周总理和陶行知。他把先生的人格、学养和影响描摹透了。不断学习是陶行知最重要的人格特征之一。先生的学习既重实践,又在循规律。先得到亲知,而后消化闻知,培育说知,即积累经验,增长见识,革故鼎新,至于陶铸思想才能。先生的学习,一是较真,二是务实,三是创造。这种学习的结果,注定先生能够立于潮头,引领发展。先生一生爱人民,为了人民的一切,甘当骆驼。其人格是崇高的,是永远值得我们学习的榜样。

八 陶行知先生创办新安小学

1929年6月,陶行知应淮安徽州同乡会和莲花街群众的要求,派晓庄学生李友梅、吴辅仁、蓝九盛前去创办,陶行知兼任校长,为晓庄师范特约学校。新安小学校址位于淮安河下镇莲花街萧湖畔的古灵王庙(即新安会馆)。安徽人在卖新安会馆时与淮安地方人发生了争执。因为他们建会馆时还占用了灵王庙的庙产。在互相争执不下的情况下就打起了诉讼官司。这场官司打得旷日持久,从清末一直打到民国,几十年也没分出个高低来。陶行知得悉这场官司无论谁胜谁负都已没有实质意义,于是就提出一个折中的解决办法:安徽和淮安都不要争了,把新安会馆旧的房产和灵王庙一起交给他办一所小学。

徽商的后代们经陶行知一说,虽不是太情愿,但也没有更好的办法,因为在淮安办学,受益的当然是淮安人,心里还多少有点不甘。最后只提出两个争面子的事:一是校名要沿袭新安会馆的名字,取名叫新安小学;二是校长必须由安徽人担任。所以,初办时期的新安小学第一任校长是由陶行知先生自己兼任的,但是陶先生一生并未到过淮安。

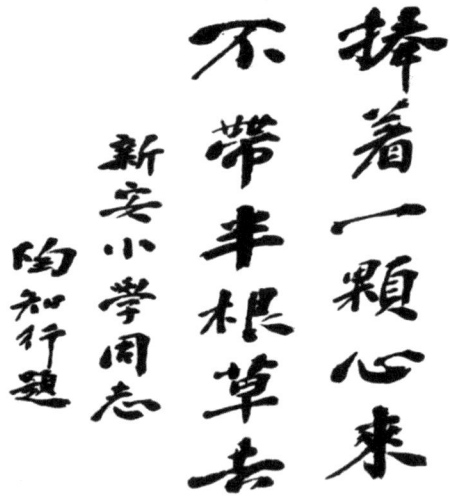

陶行知先生手书

1930年2月,受先生委托,从晓庄师范毕业的汪达之来到淮安,出任新安小学第二任校长。临行前,陶先生手书"捧着一颗心来,不带半根草去",可见先生对爱徒的殷切期望。

汪达之1902年出生于安徽黟县,是著名教育家陶行知先生的学生和坚定的追随者。1928年秋,他进入陶行知创办的晓庄师范,成为该校第四期学生,系统学习陶行知先生的生活教育理论。他写作的书名叫"古庙活菩萨"。就在这本书完稿、即将付梓印刷时,周恩来把他调到上海去办大同幼稚园。

汪达之非常珍惜陶行知对他的信任。他满怀热忱,要在淮安进行一番乡村教育的实践。他和师生们一起动手,将古庙改建为校舍,将神像请出,美化校园环境;他带着孩子们边学习,边劳作,不但学算术、国语、美术,还要学砌墙、编蒲包、养家禽,在学与做中实践陶行知先生的生活教育理论;新安小学的老师们是不拿一分钱报酬的,汪达之带领师生们在校园内种植蔬菜瓜果,实现自给自足;他还带着学生们走进周边农村,将文化知识传播给普通百姓;面对国民党淮安县党部、县政府的打压和阻挠,汪达之坚韧不拔,始终坚持斗争。到1933年,学校的老师只剩下汪达之一人,有时候一天只能吃上一碗玉米糊,但他从没有动摇对乡村教育事业的信心。

陶行知培育出来的学生,大多身心健康,人格健全,具有公德,去服务社会国家。先生的学生在各地继续进行生活教育实践,又去培养一个整个的人,具有健康的身体——身体好;有独立的思想——能虚心,思想透彻,有判断是非的能力;有独立的职业——为的是要生利。陶行知拥着桃李满天下的盛景,而爱满天下的先生,其师友学生和亲密关系者,更有灿若星辰的壮观。后来,先生的学生都成为生活教育实践的主力军和推动者。

当今,"双减"赋能:学校教学制定分层目标,针对不同程度的学生选取恰当难度和容量的学习内容。对学困生,内容不能多、不能难;对学优生,内容不宜过少、过易,珍惜好奇心和求知欲,用挑战性的任务历练他们的意志。立足学生长远发展,培养学生自主学习习惯,帮助他们掌握科学学习方法。对学优生,要多表扬他们好的学习品质;对中等程度学生,要多做示范,多教方法,让他们在模仿和迁移过程中提升能力;对于学困生,要多鼓励、不苛求,不仅要教方法,更要多督促,帮助他们形成良好的学习习惯。激发学生的内在动力,促使学生主动学习。充分展现学科生活魅力,引发学生学习生活的好奇心和求知欲;加强理想教育,增强学生的使命感和责任感。减负不是简单地减任务、降难度,而要针对学生的不同情况,激发动力,提升能力,精准减负。

九　陶行知先生将母亲的500元人寿保险金全部赠送给"新旅"

陶行知给"新安旅行团"制定的任务是：一边宣传抗日救亡，一边学习，一边工作（放电影、卖书报等，自己养活自己），一边当"小先生"，普及教育。

先生用实际行动全力支持"新安旅行团"，他不但将母亲的500元人寿保险金全部赠送给"新旅"，还帮助"新旅"从上海购买了一架德发牌电影放映机、一台小型柴油发电机、电唱机和幻灯机，并为孩子们准备《一·二八淞沪抗战纪实》《民族痛史》《抗战》等几部抗日影片和数十张抗日救亡歌曲唱片。

当时封闭落后的农村，"新旅"每到一处，都会放映抗日影片，宣传抗战主张。四里八乡的民众不管多远，都会赶过来观看。为了维持开销，"新旅"最初曾规定，每位观众看电影要付三个铜板。不久，汪达之看到很多人没有钱，只能远远观望，他做出决定，不管大人小孩，只要喊一句抗日口号，如"打倒日本帝国主义""中华民族万岁"，等等，就能免费进场看电影。这一做法得到民众的交口称赞，吸引来数不清的民众观看抗战电影。用放映电影的形式宣传抗战，"新旅"在中国抗战史以及中国电影史上留下浓墨重彩的一笔。

1936年5月，新安旅行团抵达上海。在党组织的安排下，当年的一批著名进步学者和艺术家前来给孩子们授课。洪深、张庚讲戏剧与导演；艾思奇讲哲学；孙冶方、骆耕漠讲政治经济学；冼星海、吕骥、孟波、麦新等讲声乐、音乐。冼星海当年的作品如《救国军歌》等，都是经过新安旅行团先行试唱后才修改发表的。团员们还参加著名导演蔡楚生的儿童抗日电影《小五义》的拍摄，在剧中担任主演。

在上海，"新旅"深入工厂、学校、码头，走上街头，组织抗日救亡歌咏运动，"新旅"团员还担任了鲁迅先生出殡时的挽歌队。"新旅"团员参加著名演员陈波儿率领的"上海妇女儿童绥远前线慰劳团"，赴归绥（今呼和浩特）、百灵庙，慰问傅作义将军率领的抗日将士。

抗战全面爆发后，在炮火纷飞的前线战场，在支援前线的大后方，在坚持抗战的敌后根据地，都活跃着"新旅"孩子们的身影。

十　陶行知先生始终关注新安旅行团

风雨如磐,神州板荡,"九一八"事变后,日寇加快了侵华的步伐,汪达之感受到了山河沦丧的危险,学生们再也无法安心读书。怎样唤起民众,团结更广大的力量一致抗日？汪达之决定,带领孩子们组织旅行团,在修学旅行中宣传抗日主张,以社会为民族解放斗争的大课堂,践行陶行知"生活即教育,社会即学校"的教育思想,发动广大民众投身抗战洪流。

新安第一次旅行：1935年10月10日,由汪达之组织的新安旅行团(以下简称"新旅")第一批团员7人,冒着蒙蒙细雨,从淮安西门外古运河码头登上了南下的小轮船,走向了大江南北,正式踏上了抗日救亡的征途。新安小学有七个小学生组成"新安儿童旅行团",走向社会,到上海等地旅学50天,自筹经费,宣传抗日。

陶行知写诗称赞：

　　　　一群小光棍,数数是七根。
　　　　小的十二岁,大的未结婚。
　　　　没有父母带,先生也不在。
　　　　谁说小孩小？划分新时代！

"新旅"团员们准备出发

新安第二次旅行：14位"新旅"团员都是十几岁的少年,年纪最大的19

岁,最小的年仅12岁,他们打着三角蓝色团旗,每人身着白衬衫和蓝色工装裤,脚踏草鞋,携带一把雨伞和一只行李袋。今年已经百岁的第一批"新旅"团员曹维东回忆:"(当时)戴了个草帽,就是芦苇编的草帽。身上背了个帆布袋,这也是上海通过文化界捐助的。穿了一套工作服,带了一个袋子,这就是我们所有的东西了,队伍就从河下镇出发了。出发走的时候,河下镇的一些父老、一些学生家长啊,很多人欢送我们,说是欢送,当时很简单,有人掉了眼泪,说孩子以后不知道怎么的啊。但是,我们大家雄赳赳气昂昂地走了。"出发之前,孩子们郑重宣誓:"志愿参加本团生活,誓以忠诚谋团体生活发展,为'生活教育'努力,为民族生存奋斗!"在长途跋涉中,他们充分实行民主,自己管理自己,13岁的曹维东负责营业,16岁的程昌林负责交际兼编辑,17岁的张俊卿负责管理行李兼记录。

在西安,团员们渴望前往革命圣地延安。八路军驻陕办事处党代表林伯渠同志指示他们,在国民党统治的广大地区开展抗日救亡运动,学会在统一战线形势下进行合法工作的方式方法。在兰州,团员徐志贯、张牧等加入中国共产党,"新旅"在八路军驻兰州办事处的批准和关怀下,正式建立了党支部。从此,他们在党的直接领导下从事革命斗争。在武汉,团员们冒着炮火,组织群众,救助伤员,激励军民同仇敌忾,打击日本侵略者。陶行知写诗赞誉他们:"人从武汉散,他在武汉干。一群小好汉,保卫大武汉。"1938年7月,周恩来同志在武汉热情接待了"新旅"顾问汪达之和"新旅"总干事徐志贯,对这群来自家乡的孩子们给予了赞誉和鼓励。《新华日报》对新安旅行团的事迹进行了专题报道。在桂林,"新旅"以天然溶洞为课堂,教当地民众读书写字,宣传抗日主张。至今七星岩的崖壁上还留着他们的标语"敌人在轰炸,我们在上课"。途经桂林的周恩来同志,再次看望了"新旅"团员,鼓励他们壮大队伍,开展多方面宣传。

1941年"皖南事变"爆发后,新安旅行团辗转经湛江、香港、上海抵达苏北盐城。刘少奇、陈毅接见了全体团员,赋予他们"组织十万儿童"的重任。"新旅"不负众望,他们排练文艺节目,编辑少儿刊物,设立了盐阜区儿童团总部,并在各县建起儿童团分部,先后组织起18万名儿童团员,劳军支前,站岗放哨,为华中抗战胜利作出了不朽的贡献。抗战胜利后,新安旅行团给毛主席写信,汇报工作和学习情况,表达在党的领导下坚持革命斗争的决心和信心。1946年5月20日,毛主席亲笔给"新旅"复信:"新安旅行团全体同志:来信收到,极为感谢!祝你们努力工作,继续前进,争取民主中国的胜利。"解放战争中,"新旅"随华东野战军转战苏、鲁、冀、豫各地,踏上新的征程。1949年,"新旅"随部队南下,解放了上海。1952年,根据中共上海市委的决定,"新旅"在上海和其他几个文艺团体合并为华东人民艺术剧院,即今上海歌剧院前身。17载革命岁月,5万里救亡征途,从1935年到1952年,诞生在抗战烽火中的新安旅行团,在17年时间里,驰骋江淮,转战淞沪,奔赴绥远前线,远达塞外荒原,途经全国22个省、自治区、直辖市,行程5万余里,吸收团员600多人。

"新旅"通过放映抗战电影、排演街头歌舞剧、教唱救亡歌曲、写标语绘壁画、编辑出版刊物、开展岩洞教育、组织发展儿童团、献金支援前线等多种多样的宣传形式,开展形式多样的抗日救亡活动,得到了周恩来、宋庆龄、陶行知、郭沫若、田汉等知名人士的赞誉和支持,为号召广大军民共赴国难,取得抗战最后胜利立下功勋,也为中国人民的解放事业作出了贡献。著名作家冰心称赞他们是"民族解放的小号手"。

十一　晓庄革命烈士石俊：英雄壮歌，荡气回肠

1907年7月,石俊出生在江苏省如皋县(今如皋市)夏蒲村一个贫困的家庭。由于父亲早逝,母亲含辛茹苦,挑起全家的生活的重担,两个姐姐出嫁后,家里经济更加拮据,刚上初中的石俊,一度辍学,后来母亲被儿子如饥似渴地学习精神所感动,还是让儿子念完了初中。1923年,石俊以优异的成绩考入如皋师范,他深知读书的机会来之不易,所以学习特别认真刻苦。1925年,大革命运动席卷大江南北,如皋人民反帝反封建斗争也风起云涌。石俊的堂兄已经是共产党员,他经常向石俊宣传革命思想,介绍他阅读许多进步书刊,并带着他参加反对帝国主义、反对军阀和土豪的革命活动,在斗争实践中石俊的思想觉悟有了很大的提高。

劳山脚下的星星火种不断燎原。一天晚上,晓庄试验乡村师范学校后面劳山的松树林,4名青年秘密举行会议,他们是从江苏如皋师范转来的4名中共党员。会上,中共晓庄师范支部正式成立。

1928年夏,在中共南京市委领导下,正式成立了中共晓庄师范支部,这是当时南京地区最早恢复的党支部之一。成立会议在"犁宫"后面劳山的松树林里召开,选举刘季平为支部书记,经常讨论组织发展工作以及如何对国民党反动派进行斗争的问题。不久又成立了共青团晓庄师范支部,徐明清担任团支

石俊

部书记。在晓庄,陶行知先生办学民主,大家可以无甚拘束地发表意见,开展各项活动。为此,中共南京市委决定,要以晓庄为革命根据地发展共产党员,使其成为安插在国民党心脏地区的一颗重要棋子。

陶行知校长十分信任石俊,称呼他为"石哥哥"。1928年8月学校联合周边农村组建联村自卫团,防范土匪的骚扰。陶行知任命石俊为队长,刘继平去南京地下市委工作后,石俊接任副团长,一直是陶行知最主要的助手。石俊到了晓庄,他的潜能得到充分发挥,学习刻苦,参加过农民运动,搞过学潮,当过小先生,是晓庄最出色的学生,心灵手巧,喜欢开动脑筋,改良草鞋,用布筋代替草筋,草鞋耐穿耐磨。这一发明创造很快在同学中推开,这种改良草鞋成为晓庄教师学生的"标配"。联村自卫队平时训练武术与射击,石俊通过刻苦训练,射击比赛成绩最好,得到陶校长的鼓励,听到陶校长当众表扬,称呼他为"石哥哥",石俊就像个女孩一样,羞红了脸。没有多久,神枪手名号叫石哥哥,传遍整个晓庄。陶校长就喜欢石俊这种聪明、肯吃苦、有担当的年轻人。石俊是个性情中人,听到学生们称呼自己"石哥哥",做起事来,一头的劲。

石俊经常到晓庄小学教书,宣传革命道理。有一天,石俊在课堂上讲革命道理,穷人要翻身,妇女要解放,等等,小学生们深受教育,师范部学生姚爱兰问石俊:"石哥哥,你说为什么妇女的地位最低,受压迫最深?"石俊说:"这是几千年封建社会造成的,妇女被人瞧不起,还要受到男人的压迫,今天我们要宣传男女平等,让妇女挺起腰杆来做人。"姚爱兰听了诚挚地说:"我要为中国妇女的解放出力。"石俊高兴地点点头说:"好啊!你的嗓子好,唱歌动听,你到我们艺术馆来,参加文艺宣传活动好吗?"姚爱兰又问,这个与妇女解放有关系吗?"当然有关系,关系还大着呢!你想,妇女解放靠少数几个人行吗?我们要向大众宣传,让更多的人懂得这个道理,让全体妇女团结起来奋斗,才有可能争取妇女解放。"姚爱兰想通了,她跟在石哥哥后面,认真地学唱歌,学跳舞,通过演出来宣传进步思想。

石俊同志组织声援和记反帝斗争,成绩突出。晓庄师范的党组织经过一年多发展,联村自卫团、中心茶园、中心小学、晓庄剧社等校内组织已然成型。

中国共产党党员、团员在这些组织中活动非常活跃,成为其中的中坚力量,并利用活动积极培养和吸收优秀分子。

1929年年底,晓庄师范的革命空气愈加浓厚,地下党、团友已有二三十人。而作为中共南京市委重点发展的和记洋行党支部,截至1930年2月也只有党员10人。声援工人罢工,斗争在反帝示威游行前线。晓庄学校是"自由的园地",陶行知先生不干涉学生的政治信仰,但是要求"不能害人,可以争论,可以讲道理,不能吵,不能告密"。陶先生支持晓庄师生参加反帝爱国运动,积极救援被捕的地下党员学生,客观上保护了党员学生和地下党组织。"南京惨案"后,晓庄师范学校的学生参加了江苏省学生联合会和全国学生联合会,他们上街散发传单、讲演,控诉帝国主义的罪行,揭露军阀的卖国行径。他们协助农民成立农民协会,开展反对土豪劣绅的斗争。

1930年2月初,南京和记洋行工人向厂方英国资本家提出增加工资、减少工时、用人要由工会介绍、不准打骂工人等要求,遭到英国资本家拒绝,工人在市委和工厂党支部的领导下实行罢工。1930年2月在犁宫举行"南京中国人民自由大同盟分部"成立大会,会上高唱《国际歌》,高呼"反对独裁""打倒蒋介石"等口号,选举刘季平为同盟分部负责人。晓庄师范党支部派党员叶刚带领同学到和记工厂中宣传鼓动募捐支援,并请工人代表到校作报告,向学生宣讲帝国主义残酷剥削工人的真相。罢工坚持了50多天,经社会局调停,双方协议定于4月3日复工。但是英国厂主背弃协议,阴谋不发上工证,开除了罢工斗争中的工人骨干。厂方勾结国民党当局,借口制止工人的"不轨"行为,组织流氓打手、反动军警镇压。自卫反击中工人有数十人受伤,厂党支部书记徐义禄等五人被捕,造成"四三"惨案。

4月5日,晓庄师范、中央大学、金陵大学等部分师生,在中大操场成立"四三惨案"后援会,通过罢工、罢课支援和记工人斗争的决议,推选石俊任副总指挥,会后整队去下关游行,石俊率领晓庄师范100多名师生走在队伍最前面。原来只有五六百人的游行队伍扩大成万人以上的长龙,最后以英方老板妥协告终。

石俊同志始终追随陶行知,认为陶先生是革命同志。一次党员组织生活上,大家在讨论毛泽东的文章:"谁是我们的敌人?谁是我们的朋友?这个问题是革命的首要问题。"石俊坚持以为陶行知是我们的革命同志:"陶行知校长明确提出晓庄学校的使命:第一步要谋中国三万万四千万农民之解放;第二步要帮助东亚各国农民直接解放;第三步,要助全世界农民直接解放。请问这三个'解放'是不是我们共产党人的奋斗目标呢?"大家争论激烈,达成的共识有两条:一是共产党人的终极目标是实现共产主义,这和陶行知的"爱满天下"有共通之处,也还有相当的差异;二是陶行知不是共产党员,党的组织纪律十分严明,党员必须严守党的秘密,这关系到党组织的生死存亡。其实陶行知的朋友圈就没有少过共产党人,"窗户纸"始终没有人去捅破,主要是因了这群年轻人的保密工作,陶校长有意无意地在庇护着共产党人。"四三"惨案后,4月7日,蒋介石在"纪念周"上作报告,并明令陶行知交出晓庄的共产党员名单,开除闹事学生。陶行知先生断然拒绝了国民政府的无理要求,坚决支持学生的爱国行为。

石俊等一批年轻的共产党员和共青团员的到来,给晓庄学校注入新鲜血液。这所特殊时期的特殊学校,充满了青春蓬勃的朝气,在联系群众、改造社会方面,迈上了新的台阶。他们的言行,对陶行知先生政治思想的成熟与提升起到了积极的作用。晓庄"生活教育"的"试验区"和"实践地",其中得益最大的是中共晓庄支部。在国民党统治下的南京有这样一片能够让共产党人自由耕种的土地,不能不说是一个奇迹。

1930年4月5日,中央大学操场人头攒动,城区各校学生600余人在此会合。根据市委安排,南京市将在这一天组织全市性的反帝爱国示威游行。队伍浩浩荡荡向着下关进发,总指挥便是中共晓庄师范支部第一任书记刘季平。行进过程中,不少群众自发加入游行队伍,越聚越多,最终形成了上万人的游行规模。这场游行,给国民党当局造成巨大压力,也给晓庄师范带来了灾难性后果。由于晓庄师范学生"农民化服装",穿着草鞋游行,引人注目,被认定是这次游行的主要发动者。蒋介石下令教育部停办晓庄师范学校。

晓庄可毁,爱不可灭。晓庄学校的学生上街游行,穿着特别,草鞋、衣衫,一副农民穿着,政府当局一眼就认出是晓庄学生。1930年4月8日,蒋介石下令教育部停办晓庄学校。教育部派顾树森、吴研因等5人到晓庄办理接管手续,学校被封。1930年4月12日晓庄被国民政府以"勾结叛逆,图谋不轨"的政治原因查封,同时陶行知本人遭受通缉,被迫避难海外。陶行知当即撰写《护校宣言》,严正指出:"晓庄的门可封,他的嘴不可封,他的笔不可封,他的爱人类和中华民族的心不可封。"国民党南京卫戍司令部派出了一个团的兵力,全副武装,荷枪实弹开到晓庄。校内师生闻讯已转移到四村农民家里,军警按照上级命令说"晓庄聚众千余,有枪数百支,准备武装暴动,务必保卫而歼灭之,如有反抗,格杀勿论"。由于晓庄没有校门,封条一时无处张贴。第二天继续派一个连驻扎在此,不许师生来校。政府当局对陶行知的通缉令:"为晓庄师范学校校长陶知行勾结叛逆,阴谋不轨,查有密布党羽,冀图暴动情事,仰京内外各军警、各机关,一律严缉,务获究办此令。"

石俊,1930年6月任中共南京市委委员。同年7月16日,在夫子庙组织反军阀集会示威时被捕。入狱后,他化名张惠如,始终没有暴露自己的身份。最后敌人派使混在晓庄学生中的特务余仲簏到监狱指认,才得知他的真实身份。石俊在宣传群众、教育群众以及发展党的力量、扩大党的影响方面做了大量的工作,使晓庄党支部成为战斗在敌人心脏的一个坚强堡垒。石俊被捕以后,关押在南京宁海路上国民党当局的看守所,9月21日,于雨花台就义,年仅23岁。

十二 晓庄革命烈士叶刚:信仰坚定,做永不褪色的红叶

南京晓庄学院陶行知纪念馆收藏着一本叶刚创作的《红叶童话集》,该书1931年6月出版于上海亚东图书馆。1930年8月16日,叶刚被枪杀在南京雨花台,牺牲时年仅22岁。1931年,陶行知先生将叶刚生前所著的署名为"一叶"的《红叶》童话集整理出版,并亲自作序,纪念这位共产党早期重要的革命童话作家。《红叶童话集》,至今仍是研究红色童话创作的珍贵资料。

叶道生从小听党话,光荣加入中国共产党。1908年5月5日,在浙江南田(今并入象山县)一个普通的农舍里,诞生了一个婴儿,他就是叶道生。小道生自幼聪慧,渴望读书,由于家庭清贫,直到9岁,父亲苦苦撑持,才把他送到本村一所初级小学读书。小道生如饥似渴地求知,学习成绩十分优异,父亲不忍心中断他的学业,全家省吃俭用,又让他进了回浦小学,高小毕业后回到家乡。

叶道生在家乡,结识了共产党员陈良义和吴德源,接受党组织启发。陈良义见道生为人正直,好学上进,经常同他谈论人生的意义与价值,启发他的阶级觉悟。陈良义对他说:"如今国家内忧外患,民众苦不堪言,我们都是热血青年,怎能不以天下为己任?"叶道生深有感触地说:"我是农家出身,中国农民所受的苦难,我有切身体会,但是怎样才能使国家富强,拯救民众于水深火热之中呢?我苦于找不到出路。"陈良义说:"道生,你听说过中国共产党吗?这是一个为劳苦大众谋解放的党,现在国共合作,北伐革命已经开始,内除军阀,外

御列强,国家民族的前途有希望了。"道生在陈良义和吴德源的帮助、影响下,很快成长起来。

1926年的秋天,叶道生同志正式加入了中国共产党。叶道生心中暗暗发誓:"我已经是党的人了,不管遇到什么困难,一定听党话、跟党走。"从此,叶道生信仰如山,信念如磐。

叶道生同志听党话、跟党走,积极投身革命的洪流之中。1927年3月,根据党的指示,叶道生在家乡南田组织成立农民协会,与当地大土豪何禹图作斗争。南田的农民运动,搞得轰轰烈烈,何禹图威风扫地,他躲到县城里不敢出来。

中学时代的叶刚

谁知好景不长,蒋介石发动了"四一二"反革命政变,把血腥的屠刀伸向了中国共产党和广大的革命群众,葬送了方兴未艾的大革命运动。一时乌云滚滚,白色恐怖笼罩大地,如火如荼的农民运动遭到反动派的血腥镇压,大土豪何禹图疯狂地进行了反攻倒算,残酷杀害了陈良义和吴德源等同志,叶道生也被追捕,幸而脱险到黄岩,又转身去上海。不久,他又回到黄岩,继续参加党的地下活动。

蒋介石背叛革命,使党的力量受到很大损失,道生看清了蒋介石的反革命真面目,对国民党反动派恨之入骨。但是,当时革命处于低潮,反动势力十分嚣张,党的活动十分艰难,道生心情沉重,经常一人到河边徘徊。时值深秋,远处群山枫叶正红,道生凝视红枫良久,忽若有所悟:秋风肃杀,百花凋零,唯枫叶傲霜,红如火焰。于是,他暗下决心:"任凭风刀霜剑,我要做永不褪色的红叶。"眼前的一切,多像一首诗啊!那情、那景让年轻的叶道生充满了创作的冲动。人生中,那如火的枫叶,从此刻落在叶道生的脑海里。

叶道生同志来到晓庄,在这片热土上发光、发热。1928年春天,道生在报上偶然得知南京北郊有一所全新的乡村试验师范学校,以发展乡村教育、改造乡村生活、谋求农民解放为宗旨的学校。

叶道生给自己改了名,叶刚,取刚强不屈之意。于是叶刚取道上海,坐火车来到南京晓庄,通过考试进入晓庄学校学习。晓庄学校的空气是何等的自由啊,在这里学生和老师可以平等地讨论问题,大胆地议论国是,甚至可以公开批评当局和政府。

叶刚多才多艺,能唱歌、会演戏、讲故事,特别爱好儿童文学,经常利用业余时间创作童话故事。晓庄党支部是南京最早的中共党支部之一,同年夏天,叶刚在中共晓庄支部任支委。从此,叶刚一边在学生中做发展、宣传革命工作;一边进行童话创作工作。一天,叶刚给小朋友们讲红叶的故事:红叶姑娘是枫树太太的宝贝女儿,她长大了,多想出去看看外面的世界啊,可是,风妈妈老是把她搂在怀里,不让她离开,后来,在秋风先生的帮助下,红叶姑娘终于离家去旅行了,她看广袤的世界,有许多有趣的东西,她长了知识,开了眼界,真快活极了!但是,当红叶姑娘来到都市里时,却看到了两种不同的生活情境。一边是许多不做事的人,穿着华丽的衣服,坐在大饭店里,喝着红葡萄酒,吃着香味扑鼻的山珍海味;可另一边,更多的人却穿着破烂的衣服,吃着又冷又硬的面包,白天拼命干活,干得精疲力尽,晚上睡在马路边。红叶姑娘看糊涂了,她愤愤不平地喊起来了,这是为什么?不做工的人,吃的、喝的都是那样好的酒菜,而一天到晚做工的人,反而吃着那么干冷无味的面包啊,这是为什么呢?红叶姑娘又碰到几件不公平的事情,她对于这些事情,越来越弄不清楚,越来越莫名其妙了,于是她开始怀疑世界上的一切,她要寻找正确的答案。正确答案是什么呢,叶刚启发小朋友们思考,在讨论中找出中国社会不平等的真正原因,是帝国主义与国内反动派互相勾结,压迫剥削中国人民所造成的。那么怎样才能打破这种不公平呢?只有团结起来,争取革命胜利。一个一个小的童话故事,汇集成一本小集子,得到校长陶行知先生的充分肯定。文稿的末尾没有写批语,陶校长用红笔写下了一首短诗:"飞,飞,飞,满天的飞。哪儿来这些蝴蝶,原来是红叶!"

叶刚同志的作品受到晓庄教师、学生的好评,丰富了晓庄的精神生活。陶先生很欣赏叶刚的才华,充分肯定了他的成绩。叶刚的《红叶童话集》,就像"枫叶红胜火,灿烂美如霞"。

叶刚与郭凤韶是一对红色恋人,爱情在烈火中永生。叶刚与郭凤韶在晓庄共同学习生活。1925年下半年郭凤韶加入"乙丑读书社",叶刚与郭凤韶第一次相识。1929年暑假时,郭凤韶经朋友徐明清介绍来到晓庄学习,叶刚与郭凤韶第二次相遇。两人为了一个共同的革命目标,走到了一起,两个浙江老乡成为同一战壕里的战友。叶刚担任中国共产党晓庄地下支部委员,1930年4月,介绍郭凤韶由团员转为中共党员。

在晓庄,叶刚与郭凤韶同去晓庄乡村宣传革命。叶刚和郭凤韶一起,利用课余时间到晓庄周围乡村群众开会,给群众做革命宣传工作。

在晓庄,叶刚与郭凤韶同去佘儿岗茶馆,说书扫盲。每到晚上,叶刚与郭凤韶一道来到佘儿岗中心茶园,两人轮流说书,通俗易懂,深受老百姓的喜爱。

在晓庄,叶刚与郭凤韶同时加入晓庄剧社。1929年晓庄剧社诞生,陶行知任社长,叶刚、郭凤韶等踊跃报名,同台演出。晓庄剧社是宣传、发动广大群众很好的方式,叶刚与郭凤韶成了剧社的积极分子。他们还到外地演出,对群众有着强烈的教育、鼓动作用。因为演的多是悲剧,不少观众感动得流下眼泪。叶刚以"晓庄剧社"为核心,团结一大批进步青年,后经过一个多月的巡演,叶刚与郭凤韶迅速成长。

在晓庄,叶刚与郭凤韶同在冯村,进行童话创作。叶刚进校才几天就交给学校《一片枫叶》的童话,他认为对小学生进行宣传,童话故事是最好的形式。他利用业余时间,不断创作童话故事。后来叶刚先后写了童话和剧本,深受陶行知校长的赏识。陶行知校长配给他冯村的钥匙,让他安静创作。每当作品完稿,第一读者就是郭凤韶,凤韶给作品提出建议与意见。在晓庄学习之余,叶刚创作了《红叶》《字样和白纸》《自由的蒲公英》《青鸟》《奇遇》等优秀作品。

1930年4月12日,叶刚与郭凤韶同时返乡,去了郭凤韶老家。灵江边,月亮下,叶刚正式向郭凤韶求婚。叶刚:"今天,我用革命者的勇气,向你求婚,以后的日子,不管风风雨雨,我都会站在你的面前,给你最贴心的保护。"郭凤韶:"现在我的内心与你一样激动,真的替你感到开心,真的很爱很爱你,愿我们相守到老。"叶刚22岁时,正式与郭凤韶确定恋爱关系。

叶刚同志对待革命工作以烈火一样的热情,战斗、前进。1930年春,叶刚同志随党支部书记刘季平调入中共南京市委做宣传工作。1930年4月3日,英商南京和记洋行的工人们为争取增加工资、每天工作8小时、露天劳动工人应有全身雨具等合法利益,举行罢工斗争。英国水兵和国民党警察宪兵打着"保护侨民""弹压失业工人和在业工人械斗"的幌子,强行"武力保护复工"。围攻之下,工人重伤数十人,轻伤者不计其数。"四三"惨案发生后,叶刚到"四三"惨案现场,慰问受伤工人和受难家属,带领晓庄师范师生游行、募捐,支援工人罢工斗争,声援和记洋行工人的斗争。

1930年4月5日全市示威游行,上午9点,叶刚、石俊率领晓庄学校师生前往中央大学操场集会,成立"四三"惨案后援会,会后举行反帝示威游行。南京爆发支援和记洋行的示威游行,晓庄师范学校百分之九十的同学都响应了党团组织的号召,走上街头,声援工人的斗争。叶刚等人作为骨干分子,走在了队伍的最前面。斗争一直持续到4月中旬,和记洋行英国厂方终于被迫接受工人提出的合理要求。罢工取得完全胜利,在斗争中积极活跃的晓庄师范师生却遭国民党当局记恨,学校被勒令停办。晓庄师范遭查封后,为保存革命力量,学校党、团员原本计划分散隐蔽。

晓庄中共地下党支部决定由叶刚带领晓庄师范同学们到教育部示威,要求复校。1930年4月9日上午,当晓庄师范学生队伍到达教育部门前时,叶刚带领同学冲进教育部,要求当局给以复校。

4月12日,正当叶刚和地下党支部负责同志在学校山背后小林子里开会的时候,国民党军队包围了学校。为了保存革命力量,地下党组织决定共产党员和进步学生分散隐蔽。叶刚同志在陶行知先生的资助下逃往杭州。

1930年6月上海召开会议,建立全国总同盟,叶刚在会上发言,反对独裁统治,反对封闭进步书刊,争取集会、结社、出版、言论自由。叶刚在会上唱《国际歌》,高呼口号"打倒蒋介石"。

后来叶刚又秘密返回南京晓庄,并恢复了晓庄小学部,一心想重建联村自卫团,与国民党当局开展武装革命斗争。

叶刚在晓庄不幸被捕,初心不变,成为革命战士的一面鲜红旗帜。1930年夏,在晓庄小学,叶刚化名李建新,担任了晓庄小学教师。国民党士兵经常来监视。有一次,叶刚在上语文课,讲陶行知先生写的《农人破产》的诗歌,忽然发现窗外有两个士兵,探头探脑地在偷听,叶刚跑到教室门口,客气地说:"两位兄弟请你到里面来坐着听,在外面站着不累吗?"两个士兵推迟了一下,走进教室,坐在后排听讲。叶刚用低沉有力的语调讲解诗歌的内容:"农民辛辛苦苦种了一年地,年底所得到的收成大半给地主老财搜刮去了,农人要活命,只好借债度日。但是,借了债总是要还啊,于是第一年债主追来了,翻下了脸讨债,真叫人难为情。第二年,债主追来了,硬把老牛牵去抵债,心里舍不得,也没用。第三年,债主追来了,把田地夺了去,这可是命根子啊!天呀,天呀,这是什么世道呀!"叶刚讲完,又教学生按歌词演唱。唱着,唱着,两个士兵深受感动,低声哭泣起来,下课后,叶刚与两个士兵真诚交流,用心真正打动了他们。两个士兵顿悟,不跟当局卖命了,想回家去了。

叶刚心想,士兵有了一定基础,看来瓦解他们是不成问题的,当时中共南京市委的意思是最好把这支队伍拉出来,参加武装暴动。如果这样的话,非要打通连长的关节不可,叶刚决定试探一下,看看连长的态度。一天下午,叶刚借故过去找连长。连长显得很客气:"李先生,你有何贵干?"叶刚说:"连长,你们当兵在外,吃尽辛苦,也真不容易啊。"连长笑着说:"军人以服从命令为天职,谁叫我们是当兵的料呢。"叶刚说:"命运是可以靠自己掌握的,有时走错了路,也可以回头重新走的。"连长问:"李先生的意思是什么?"叶刚微笑了一下:"我没什么别的意思,只希望你多听听士兵的想法。"叶刚以为连长略有动心,便暂时告辞,准备以后再来做工作。谁知道连长很狡猾,知道叶刚暗地在做策反工作,便秘密向上司汇报。

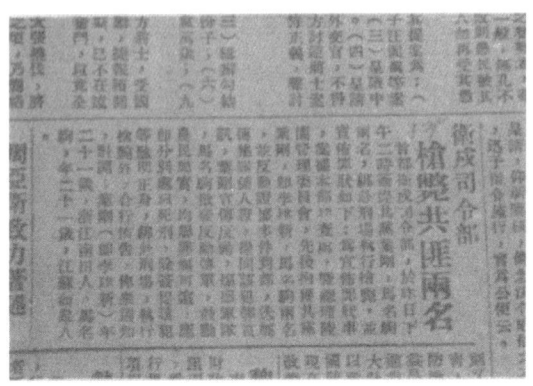

1930年8月17日报纸所载杀害叶刚的消息

一天傍晚,师生在饭厅吃饭,四菜一汤,叶刚跟同事、农友在一桌,谈话正高兴的时候,突然一个士兵走了进来,说:"李先生,我们连长请你去一下。"叶刚抬起头向门外一望,发现几个陌生人在周围,他顿时觉得气氛不对,恐怕要出事了,旁边的人不由得紧张起来,但是叶刚很镇静,吃好最后几口饭,向同桌的教师和农友微笑着点了点头,走出了饭厅。那个士兵跟在他后面。刚走到一个山坡下,突然一声哨响,冲上来十几个全副武装的士兵,把叶刚捆绑了起来,这时饭厅的教师、学生、农友都围了上来。小学生们又哭又喊:"为什么抓李先生,不许抓我们的李先生,李先生犯了什么罪,为什么随便抓人?"这时一个戴眼镜的便衣气汹汹地喊道:"散开!散开!我们抓的是共党分子,与你们无关,谁要是妨碍公务,严惩不贷!"叶刚神情自若地向师生、农友们看了一眼,微笑着说:"请回吧,再见了,革命总是要有牺牲的,抓了我一个,还有后来人。"说完,把头一昂,一步一步地向前走去。周围的人都哭了,一群孩子涌上来想拉住叶刚,给士兵们挡了回去。

叶刚同志在狱中,受尽种种折磨,始终只字不吐,宁死不屈,敌人无计可施。1930年8月16日,叶刚同志唱着《国际歌》走向雨花台英勇就义,成为在那里牺牲的十万烈士中的一位,年仅22岁。

陶行知曾亲自为叶刚同志整理"童话"集。叶刚同志品学兼优,才华横溢,本可以成为一位优秀的作家。他在学习、工作之余,创作了《红叶》等许多动人的童话故事,歌颂人民大众的革命精神,讽刺统治阶级的黑暗专制。陶行知先生曾经赋诗赞扬:"生来不自由,生来要自由。谁是革命者,首推小朋友。"

叶刚牺牲后,陶行知先生非常悲痛。为了纪念这位青年革命烈士,陶行知编辑与整理叶刚的遗作。在收集整理叶刚同志遗作的过程中,陶行知先生亲自作序,编成了一本《红叶童话集》,介绍给上海亚东图书馆出版。1931年6月该书正式出版了,署名是叶刚曾用过的笔名"一叶"。

叶刚编写的《红叶童话集》

"可爱的秋天到了!田里铺满着金黄色的地毯。青山换了一件紫红大袍,美丽得像晚霞一般的娇艳!树呀,草呀,都披上深红的舞衣,大家热烈地欢笑着,舞蹈着,歌唱着,欢迎这位娇丽的娟媚的秋姐!啊,这是多么快活哟!"但是,有一片美丽的叶子,她却偏偏在这般可喜可乐的时候,感有一种莫大的悲伤呢!——叶刚创作的《红叶》童话开篇。

生前,叶刚创作童话、话剧,传播革命思想,对学生进行宣传,得到校长陶行知的赏识。叶刚创作了《红叶》《字样和白纸》《自由的蒲公英》《青鸟》等童话。

《红叶童话集》取材于社会生活中的故事和美丽传说,讲述了在苦难中挣扎和绽放的不屈不挠的生命。为中国人民摆脱深重的灾难,为伟大的中华民族的振兴,一百多年来,无数中国人民的优秀儿女前赴后继、浴血奋战,让人感觉血染枫叶的传说并非虚构的故事。在斗争中往往能够看到真正的人性的光辉,他们用生命谱写的故事充满着血色与悲壮,给广大读者带来英雄主义的教育和熏陶。《红叶童话集》至今仍是研究童话创作的珍贵资料,是相当丰富的红色资源,是激励广大劳动人民不断开拓前进的强大精神力量。叶刚同志,是中国共产党早期重要的革命童话作家。他刚强、炽热,像一片红叶,红似火,映红了党的旗帜,也映红了中国乡村教育运动的旗帜。

十三　晓庄革命烈士郭凤韶：傲血红梅，无怨无悔

郭凤韶，1911年9月11日生于浙江省台州市临海县，父亲曾是同盟会会员，参加过辛亥革命。在进步、民主的家庭氛围熏陶下，她从小就反对封建迷信和礼教，怀有拯救祖国和民族的雄心壮志。1926年年底，她加入了中国共产主义青年团。1929年，郭凤韶考入陶行知创办的南京晓庄乡村师范学校。1930年，她转为中国共产党党员，并担任党的小组长，不久又担任中共南京市委地下交通员，经常只身往来于市委和晓庄之间，传递重要情报和文件。郭凤韶是晓庄十烈士中最后被捕的一个。

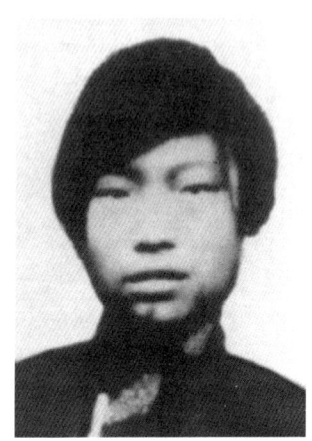

郭凤韶

1929年来晓庄读书，不久入党。在晓庄的学习、斗争中，她与叶刚建立了亲密的友谊，后来确立了恋爱关系。学校封闭后，郭凤韶与徐明清一起回家乡暂避，又到无锡一带活动。当她们听到叶刚等同志被捕的消息后，非常着急。她到南京去打听情况，不巧碰到了特务余仲篯，便被诱捕至南京，英勇牺牲。"革命是我的第一生命"，这是共产党员郭凤韶无怨无悔的追求，她把革命的信仰一直坚持到生命的终结。雨花台烈士陵园的大型群雕中，左边第一位就是晓庄英烈郭凤韶。当时因在《卖花女》剧中担任"女一号"，晓庄师范的教师、学生和农友称呼郭凤韶为"女一号"。雨花台，松柏挺秀，红梅灼灼。烈士追求真理，百折不挠，舍生忘死，正是一枝傲霜斗雪、昂首怒放的红梅！

19岁，她笔墨横姿；19岁，她求学若渴；19岁，她奔走一线；19岁，她英勇就义。她，就是"晓庄女杰"——郭凤韶。

郭凤韶同志到平民中去，积极宣传革命道理。1925年下半年，郭凤韶考入宁海女子师范学校，和徐明清等同学一起加入进步青年组织"乙丑读书社"，如饥似渴地阅读《唯物史观》《共产党宣言》《新青年》等进步书刊。郭凤韶在读书社里，年纪虽小，却做事积极，样样活动抢在前头，印传单，演说，宣讲时事。1926年，郭凤韶加入了中国共产主义青年团。

第四部分 仁爱之心

1928年，白色恐怖日益严重，为防不测，郭凤韶在父母的再三催促之下，去了舟山朱家尖岛大古塘小学任教，当代课老师，任教音乐、图画和体育课。朱家尖岛四面环海，天高皇帝远，郭凤韶给学生们讲革命的道理，还在渔民中间宣传科学和民主，把革命的思想传播到这个东海的岛屿之上。

1929年暑假，郭凤韶的闺蜜徐明清从南京回到宁海，徐明清是晓庄师范的学生，介绍了晓庄师范的教学情况，建议郭凤韶去那里继续求学，郭凤韶欣然答应。1929年秋，郭凤韶考入南京晓庄师范学校后，思想积极要求进步，团结同学。她非常喜欢晓庄这片快乐园地，开办夜校，宣传革命思想。附近不少青年农民，在她的影响下先后走上了革命道路。1930年是郭凤韶生命年轮中最为闪光的一年。这年4月，经叶刚介绍由团员转党员。郭凤韶担任晓庄小学的实习教师，培养高年级学生姚爱兰加入了青年团，在党的领导下，她指导姚爱兰发动小学生开展一系列的革命活动，极大地鼓舞了他们的革命热情和勇气。

郭凤韶与叶刚是一对红色恋人，在晓庄并肩战斗。郭凤韶在晓庄的日子里，遇到了一位故人。那不是叶道生吗？"叶道生！"叶刚停住脚步，有一点迟疑。郭凤韶换了临海话说："我是郭凤韶，临海女子师范学校的学生啊，在乙丑读社，我们见过面的。"叶刚哈哈笑了，说："两年不见，长成大姑娘了，要是走在大街上都不认识了。"叶刚比郭凤韶大三岁，叶刚读书晚，郭凤韶读书早。在临海乙丑读社两人有过接触。他乡遇故知，见了面自有说不完的话题。在晓庄的日子里，叶刚创作童话剧本，热情呈井喷之势，一半的原因是因了郭凤韶。郭凤韶跟叶刚有说不完的话，两人一起去书呆子莫来馆查资料，一起去食力厅吃饭。学校的伙食很简单，有了好吃的，郭凤韶总要把自己的那一份拨出一些给叶刚。叶刚参加自卫团军训，裤子膝盖磨破了，郭凤韶亲自给他补缀，那一份真情密密匝匝地刻印在叶刚的心坎上。是因为志同道合，才做到形影不离。叶刚的创作文稿，第一读者就是郭凤韶。一次，看完《蒲公英》的文稿，郭凤韶长长地舒了一口气，一双丹凤眼热辣辣地盯着叶刚，叶刚的一双眼睛，勇敢地迎上去，如电光石火般四目相对，这便是所谓的"对象"了，一对心心相印的红色恋人。

真正的爱情，不需要刻意保密。风声很快传到了陶行知先生的耳朵里，陶先生哈哈大笑，说，好事好事，改天我要说给教育部长、我的老朋友蒋梦麟听听，看他有什么高论。

当时陶行知校长安排叶刚在冯村进行创作。指导员杨效春找叶刚谈话，说不能把冯村搞成"爱情摇篮",要么就把钥匙收下来,陶行知说,一个19岁,一个22岁,多么让人羡慕的年纪啊,不要做棒打鸳鸯散的事情,只要上进就成。如果他们俩想结婚了,我愿意做证婚人。在晓庄师生平等,男女平等,恋爱自由。陶先生曾经为此做过一首小诗,叫《村魂歌》:"男学生,女学生,结了婚,做先生。哪儿做先生?东村或西村。同去改旧村,同去造新村。旧村魂,新村魂,一对夫妻一个魂。"为了理想而斗争,和自己相爱的人一起为理想而斗争,是一件幸福的事情。郭凤韶和叶刚没有花前月下,也没有山盟海誓,甚至连卿卿我我都没有,老师和同学只知道郭凤韶和叶刚是一对有情人,正常发展下去,有可能是陶先生"一对夫妻一个魂"的"践行者"。郭凤韶同志和叶刚同志是时刻准备着为理想而献身的一对共产党员。

1930年春,南京的爱国学生在党的领导下,在夫子庙进行了一次反对国民党反动派暴政的示威游行。郭凤韶刷标语、散传单,是队伍中活跃的一员。学生们的正义斗争,使位于夫子庙附近的首都卫戍司令部惊恐万状,立即派出一队全副武装的军警马队,从各个隐蔽的巷口内冲出来。游行队伍被冲散了,便衣特务早就注意到郭凤韶的行动,此时,便衣紧紧地盯着她,企图逮捕她。郭凤韶也发觉有特务盯梢,她机警地混在人群中。恰巧附近的首都电影院刚要开映,她趁机混入影院内。电灯刚熄灭,她从楼上把传单散到场内,顿时,电影院内一片混乱。她利用这短暂的时间,换了衣服,然后又一次挤在人群中,顺利离去。

1930年3月,南京成立了"反帝自由大同盟",郭凤韶任女工委员,经常深入工厂、农村宣传,揭露日本帝国主义的侵华阴谋。4月3日,南京下关和记工厂发生英国资本家枪杀中国工人的惨案,中共南京市委领导各界人士,声援和记工厂工人的斗争,她站在斗争的第一线积极参加示威游行。

1930年4月,帝国主义和国民党南京政府制造了骇人听闻的"四三"惨案。在中共南京市委的领导下,南京的爱国学生进行了反对国民党反动暴政的示威游行。郭凤韶负责联络各大中学,组织全市学生举行示威活动。她四处奔走,在街头宣传,与反动军警进行面对面的斗争。反动当局对学生的革命行动恨之入骨。

郭凤韶同志写给母亲的信:"母亲:给我的信收到了。我又来上海了,无锡不能再住,因为所有晓庄的学生都要捕,所以我不得不回上海。胡君已去世,你不要多愁,从此再没有他给我信的机会了,可怜!我的东西都在南京,现在不能拿,已[以]后再讲。我在上海生活当能维持,望千万不急,因为急也无际

[济]于事,千万不要告诉人家我在何处,我时常给你去信。汽炉有带人来台[抬],还行。皮袍到上海后就托徐子康带去,我已写快信给子康叫他速送去,再兴、小植处也有信去,望千万勿误。女韶上,十号。"

郭凤韶同志热爱艺术,追求真理,生活丰富多彩。郭凤韶同志聪慧好学,诗、书、画皆通,尤爱国画,她画的《红梅图》引人注目,上面题写着秀美遒劲的诗句"且向北花头上开"。画面上一块顽石,突立中央,挤压着一旁梅树的枝条,在那低垂着的枝条上,一朵朵红梅,顽强地盛开,像火焰一般热烈地燃烧。《红梅图》参加学校组

郭凤韶绘画作品

织的书法美术作品展,让师生们刮目相看。《红梅图》是郭凤韶咏志之作,也是她一生最好的写照。

郭凤韶除了参加革命斗争活动,也展现了新时代女性的风采,她不仅文采高,擅长表演,在晓庄学习生活的日子,还成为学校剧社的主要演员。晓庄剧社排演田汉导演的话剧《卖花女》,这部话剧的编导是著名的英国剧作家萧伯纳,意在揭露旧社会对一个贫穷的卖花姑娘的凌辱和迫害。郭凤韶担任"女一号"主演,校长陶行知客串卖花女的穷苦父亲,两人上了台是父女关系,下了台是师生关系。《卖花女》先是在学校里演出,后又到附近农村去演。一场比一场演得出彩,声情并茂,催人泪下,其出色的表演,给观众留下了深刻印象。人人都说晓庄师范出了一个"卖花女","女一号"在晓庄地区广为流传。郭凤韶在 1930 年年初,曾经制定人生的目标:创作戏剧文章 30 篇、儿童文学 30 篇。若不是过早地就义,她能给世人留下多少美好的东西!完全可以成为儿童文学作家。

郭凤韶同志英勇牺牲,血洒雨花台。1930 年 4 月 8 日,郭凤韶所在晓庄师范被反动派当局查封,许多共产党员被捕,陶行知先生也遭到通缉。郭凤韶同志秘密转移到无锡,以教书为掩护继续革命工作。4 月 20 日当局派兵进驻学校,驱赶在校师生。卫戍司令部宪兵在晓庄师范校园里搜查到共产党的宣传传单、宣传标语和有关党的书籍,这是反动派当局查封晓庄师范的真正原因。学校师生在中共地下党组织领导下,开展了护校斗争。7 月,郭凤韶转移到无锡新犊小学任教,暂时隐蔽。同年 9 月,她返回南京,准备参加营救被捕

的同志。郭凤韶先到上海,不巧碰到特务余仲篪(当时晓庄师范的学生,暗藏的中统特务)盯梢,余仲篪诱捕她至南京。郭凤韶遭到逮捕,关在卫戍司令部。敌人为逼出口供,要尽花招,装出悲天悯人的样子,"苦口婆心"地劝导:"姑娘,你年纪轻轻,来日方长,何苦要为共产党卖命呢!只要你回心转意,跟我们合作,立即可以给你自由。"见郭凤韶柴米不进,又转而严刑拷打,直打得皮开肉绽,血液浸染了她的衣服,皮肉和衣衫紧紧地粘黏在一起,撕扯不开。面对敌人的威胁利诱和肉体摧残,郭凤韶始终没有动摇和屈服,她怒斥敌人:"我知道的中国人里,除了你们这一小撮坏蛋以外都是好的,都是要革命的,中国最好的先进分子就是共产党员。你们想用逮捕屠杀消灭他们,是不可能的!是做梦!革命一定要胜利!"郭凤韶在牢里还十分关心外边同志的安全,她对一个难友说:"你要是能出去的话,快告诉晓庄的同学们,千万不要和余仲篪特务来往,他是坏蛋,我就是被他骗进来的。"接着她又说:"有可能的话,请转告我妈妈,不要太伤心,她女儿死得值得!"

郭凤韶就义

郭凤韶就义时,敌人用棉布堵住她的口,但郭凤韶尽力挣脱,高声唱起《国际歌》。敌人慌忙冲上去打她,她用力推开敌人,高呼:"中国共产党万岁!"敌人残忍地用刀砍断了她的手臂。郭凤韶扶着断臂,双目圆睁,继续高唱着《国际歌》,直至最后倒下。郭凤韶始终不屈,视死如归。1930年10月26日,郭凤韶等共产党员在雨花台英勇就义,年仅19岁。历史永远记住这个日子,这天阴霾满天,钟山肃穆,长江呜咽,党的优秀女儿英勇就义,气壮山河。

十四　晓庄革命烈士沈云楼:为了信念,永不后悔

　　沈云楼(1913—1930年),原名沈一山,家中次子,出生在江苏省兴化县得胜湖西面的湖口西村,从小家境较好,但是他不满足于家族生活安乐,从小立志为人民做一番事业。他在少时就接触到关于"自由""平等"的新思想,当他的小学老师讲到法国革命家伯斯庇尔的故事时,他为之动容。面对死亡,伯斯庇尔高呼:"不自由,毋宁死""不自由,毋宁死!"他为伯斯庇尔慷慨赴死的举动,流下簌簌眼泪。英雄伯斯庇尔的革命举动,成了他心中追逐的革命方向。

　　沈云楼从小学习认真,国文、算术等课程的成绩,一直位居全班前列,深得老师赏识。沈云楼,生活在农村,目睹老百姓劳苦终年,不得温饱,时作不平之鸣。他志向远大,不满足于家庭生活之安乐,立志为人民大众做一点事情。

沈云楼

　　1929年年初,沈云楼来到南京晓庄师范中学部求学。遇到了许多外地校友,沈云楼眼界更加开阔。他经常聆听校长陶行知的教诲,积极拥护先生所倡导的"改造全国乡村教育"的主张。课余时间,他深入思考学校所绘制的"蓝图"伟业,带领同学们一起到附近的乡村服务,不断增长实践知识。在晓庄师范地下党员的引导下,他积极参加党的各项活动,逐步坚定了共产主义信仰,成了一名中共地下党党员。

　　沈云楼在晓庄积极参加党组织的活动。1930年4月5日,南京"四三"惨案后两天,南京晓庄师范、中大、金大等学生和部分工人500余人举行集会,成立"四三"惨案后援会,通过罢工、罢课,支援"和记"工厂工人斗争的决议。会后,南京市委委员刘焕宗率领队伍示威游行。沈云楼走在游行队伍的最前列。走到城门口,面对楼上军警架起机枪相威胁时,沈云楼面无惧色,奋勇前进。反动当局为阻止游行队伍前往和记工厂,慌忙关闭挹江门,不让队伍通行。沈

云楼站在队伍前面高呼口号,散发传单,向市民群众演讲,揭露"四三"惨案真相,并与警察展开斗争。终于使游行队伍和随同的群众冲出挹江门,前往下关和记工厂,向工人们表示声援和支持。4月12日,晓庄师范因学生参加声援"四三"惨案的示威游行,被国民政府强行封闭,并以"企图暴动"为名,下令通缉校长陶行知。学校不得不停课放假。4月中旬,学校地下党组织了以党、团员为骨干的数十人护校团,率领在校坚持战斗的师生,包围民国教育部,质问当局。沈云楼与中共南京市委保持联系,在沪宁线上担任传达我党领导重要消息的通讯员。同年8月10日,国民党首都卫戍司令部稽查处在市委机关搜出通讯员名单,因此暴露身份,沈云楼在白下路太安旅社被捕。

沈云楼在押期间,面对严刑逼供,毫不屈服,严守党的秘密,保护革命同志。8月18日,沈云楼在雨花台就义,年仅17岁。南京晓庄学院陶行知纪念馆陈列着他的照片和生前所写的生活日记一卷。凝望着沈云楼烈士年轻的脸庞,还带着些稚气,但更多的是英气,烈士短暂的生命虽然逝去,但浩然正气,却与世长存。

当年,江苏省农工部部长陈云评价:"七个学校,争自由的斗争,晓庄最好。"2009年,沈云楼光荣当选为"新中国成立60周年南京30位模范人物"之一。沈云楼短暂的一生,闪耀着革命的光辉,永远活在人民的心中。

十五 晓庄革命烈士胡尚志:以我青春换光明

胡尚志(1907—1930年),原名胡圣年,湖北潜江人。1927年加入中国共产党。1928年,由武汉转至南京安徽公学学习。翌年3月,转入晓庄师范学习。1930年春至北平新农学校。晓庄师范被查封后,赶回南京,参加南京城市暴动准备工作时被捕。9月26日,在雨花台就义,年仅23岁。

2021年7月21日上午,在"晓庄十英烈"寻访中,晓庄学子邵雨婷在胡尚志烈士老家发现一张他的照片,这是迄今为止发现的唯一一张烈士存世照片。青春而朝气的脸庞依旧讲述着那段血雨腥风的革命往事和坚贞不屈的革命信仰!在南京晓庄学院陶行知纪念馆里,"晓庄十英烈"名录墙上有两位烈士没有照片,一位是胡尚志烈士,一位是马名驹烈士。

在湖北省潜江市积玉口镇胡尚志烈士孙媳王兴秀家里,邵雨婷意外发现了一张胡尚志烈士的照片(照片右一是胡尚志)。这是一张胡尚志烈士、谢纬

第四部分 仁爱之心

榮烈士(照片左一)和另一位青年友人在晓庄时期的生前合影,照片有些许斑驳。照片上是三张稚嫩而青春的脸庞,岁月模糊了曾经的面容,却掩盖不住革命青春的光彩。说起这张照片的来源,有一段真实的故事。王兴秀告诉邵雨婷,2008年,她曾在当地媒体组织下前往南京雨花台祭拜爷爷胡尚志,"正是那次去雨花台,我才详细知道爷爷当时在做什么,因为什么牺牲"。在雨花台,王兴秀看到纪念馆里的烈士几乎都有照片,而爷爷胡尚志烈士介绍上面却是空白,"爷爷长什么

右一为胡尚志

样子我都不知道"。王兴秀向其他同去的烈士后人询问、求助,恰好谢纬榮烈士后人说有一张合影,上面有个青年就是胡尚志烈士。王兴秀喜出望外,在雨花台烈士纪念馆,她找到了这张三个革命青年的合影,一眼就觉得这就是他的爷爷胡尚志,"他有我们胡家的基因,他的眼睛特别大,有神,鼻子、嘴巴特别像我丈夫,和我老伴儿年轻时特别像"。在那之前,王兴秀虽然从长辈口中听说过关于爷爷胡尚志的故事,但所知甚少。因为家庭经济原因,她从来没去过南京雨花台,也不知道在雨花台烈士纪念馆还有关于爷爷胡尚志烈士事迹的介绍。其实胡尚志烈士牺牲时并没有结婚,也没有子嗣,但按照老家习俗,其兄胡圣金将自己的儿子胡直义过继到胡尚志名下,为此,才有了后来的胡氏家族谱系。

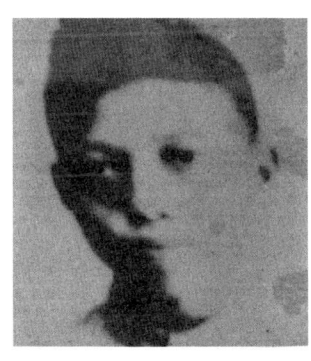

胡尚志

胡圣年给自己改名胡尚志,表明救国救民的宏大志向。胡尚志1907年出生于一个农民家庭。1915年,在太和村一所私塾念书,不久便转入潜江县高小读书。

1924年,胡尚志就读于武汉中和中学,初步接触了马克思主义,思想日益成熟,开始在学生中热情宣传革命思想,积极组织学生运动。不久,他加入了国民党。1926年夏,胡尚志受国民党湖北省党部的委派,回潜江组建国民党

147

县党部，任县党部常委。这期间，他拥护并实践孙中山提出的"联俄、联共、扶助农工"三大政策。经过斗争的锻炼和考验，胡尚志在和共产党人的接触中坚定了共产主义信念，志愿加入中国共产党，决心为人民的利益奋斗终身。1926年夏天，胡尚志加入了中国共产党。胡尚志在1927年的白色恐怖中经受住了严峻的考验。1928年，组织上安排他转移到南京，进入陶行知先生创办的安徽公学，一边学习，一边从事地下工作，同时坚持秘密斗争。

1929年3月，胡尚志转学到晓庄师范学习，并成为中共晓庄师范党支部的一名成员。在晓庄的日子里，他认真学习陶行知先生倡导的"生活教育"理论，其明显特点，就是陶行知先生教育思想的模范践行者，他在1927年的革命中经历了血雨腥风的洗礼，"教学做合一"的方法已经融入他的血液，成为他的自觉行动。

胡尚志在学习中爱思考，更爱琢磨。在晓庄师范附属的劳山中学实习时，他循循善诱，以理服人，引导学生阅读进步书刊，宣传进步思想，在学生的心灵里播撒革命的火种。

胡尚志深入农村，进行社会调查，改造社会。他经常带着学生，在燕子矶一带农村搞社会调查，访贫问苦，让大家了解真实的中国农村，并组织学生深入讨论。中国农村落后的根本原因，结论是生产资料的归属，是阶级剥削和阶级压迫，是国家机器和政权，出路只有一条，革命。只有革命，农民才能过上好日子，年轻人才会有好的工作。胡尚志热情地向群众宣传革命的道理，帮助农民解决一些困难，很快就成了晓庄农民的亲密朋友。

胡尚志喜欢演讲，喜欢写文章。文章的深度很深，注重理论探讨，他以"读书"为题做过一次演讲，在学校里影响很大，许多观点，连陶行知先生都很赏识，比如说关于向外国人学习、读外国书的问题，他说，我们中国人对外国人的态度可以分为四个不同的时期：一是鄙视外国人，二是仇恨外国人，三是惧怕外国人，四是学习外国人。我们都说"康乾盛世"，其实"康乾盛世"，就已经埋下落后和失败的种子，体制僵化，夜郎自大，完全无视西方的科技进步。可见，胡尚志忧国忧民，以改造中国、重塑国魂为己任。

1930年春，组织上派胡尚志到北平学习深造。他进入了由清华大学、燕京大学和香山慈幼院合办的新农学校，并通过《现代中学生》杂志发表多篇文章，其中《一封可以公开的信》在北平的青年学生中争相传阅，其中"青年人只有为建立大多数人的未来王国和理想家园而奋斗，才能建立起自己的未来王国和理想家园"的警句，在学生中反响较大。

胡尚志经常给学弟学妹们讲革命道理,播撒革命的种子。胡尚志思想活跃,视野开阔。沈云楼、袁咨桐、姚爱兰都喜欢听他演讲。尤其是沈云楼,算得上胡尚志的"入室弟子"。沈云楼课余时间,往师范部跑得最多,经常钻进胡尚志寝室,听胡尚志侃大山,胡尚志侃的是知识之"山",革命色彩浓烈,简直像是速成培训班,不久就将"入室弟子"领进了党组织的大门。袁咨桐、姚爱兰特别爱听胡尚志讲革命故事,故事具体、生动,且富有感情,深深地打动了他们的心。胡尚志传播革命火种,成为袁咨桐、姚爱兰走上革命道路的引路人。后来,袁咨桐是晓庄团支部书记;姚爱兰是骨干团员,积极参与各项革命活动。

晓庄师范被封,胡尚志赶回南京,与晓庄师生并肩作战。1930年4月12日,南京晓庄师范被国民党政府封闭的消息传到了北平,胡尚志得此消息后又气愤又痛心,急忙赶回南京,1930年6月,他与晓庄师生一起坚持斗争,同生死共患难。

回到南京后,胡尚志为了革命,早出晚归,四处奔波,不久受中共南京市委派遣,与陈培之一起秘密潜往滁县农村,发动群众组建一支红军队伍,准备配合南京党团组织进行武装暴动。陈培之以党代表身份,用红军的名义起草了一个文告,并拟定了具体的行动计划,一切就绪之后,胡尚志赶回南京准备向市委作汇报。胡尚志刚到南京,就被特务盯上并被逮捕。

胡尚志在狱中,凭着一股正气,与敌人继续斗争。在狱中,敌人用残酷的刑罚折磨他,企图摸清南京暴动的计划以及南京地下党组织的情况。但胡尚志坚持不吐露实情,保住了南京党组织和党员的安全。1930年9月26日,胡尚志唱着《国际歌》走向了雨花台,胡尚志与其他革命者一起在南京雨花台壮烈就义。胡尚志成为在那里牺牲的十万烈士中平凡的一人。胡尚志为了中国的革命事业献出了宝贵的生命,雨花台松树下殷红的雨花石,有着美丽的花纹,雨花石是烈士用鲜血染红的,他们不畏强暴,不怕牺牲,与疯狂的敌人进行了英勇的斗争。在狱中,面对敌人的严刑和诱降,胡尚志大义凛然,坚贞不屈,牺牲时,只有23岁,没有成家,没有留下任何遗物。

十六　晓庄革命烈士汤藻:到乡下去,干好革命工作

汤藻,男,化名杨再生,江苏如皋人,1908年出生于一个小康家庭。1927年年初加入中国共产党。1928年2月,由如皋师范转入南京晓庄师范学习。

汤藻

1929年秋天,在中山陵园区白马村创办乡村小学,后任东洼子小学校长。1930年7月,为准备南京暴动印发传单被捕,8月18日,于雨花台就义,年仅22岁。

汤藻出身于小康之家,哥哥是他革命的引路人。汤藻同志出生于如皋小康之家,虽说不是锦衣玉食,温饱不成问题,当时如皋地区风调雨顺,远离战乱。温饱无忧,如皋城里歌舞升平,高枕无忧。汤藻走上革命道路的引路人,是他大哥汤芸,汤芸在如皋师范读书时,就加入了共产党,弟弟考进如皋师范,受哥哥的影响,追求进步,加入党组织,成为顺理成章的事情。如果不是身处那个腥风血雨的大动荡年代,他会是一个好的教书匠,他富有同情心、怜悯心、责任心,有相当的知识积淀,他又特别注重学习。他太不幸,生不逢时,但又是幸运儿,生逢其时,赶上了大革命的时代,用青春和热血写下了不朽的篇章。

大革命时期,他在如皋师范读书。当时,如皋师范有一批进步同学,团结大家,开展反帝反封建斗争,汤藻跟石俊等人一起加入了中国共产党。1927年4月,国民党如皋县党部扯起了"清党"旗子,开始搜捕共产党人和进步群众。县党部季云带人对如皋师范学生宿舍进行了搜查,激起全校师生义愤。学校党支部带领一部分学生前去国民党县党部责问,季云不敢照面,汤藻等人气愤地冲进去将季云痛打了一顿。这一事件揭开了如皋县反"清党"斗争的序幕。同年秋,县党部派来"清党"人员朱定钧、蒋建白接任如皋师范校长和训育主任,并采取高压政策,严禁学生参加社会活动。在学校党支部领导下,全校开展了"驱朱、驱蒋"斗争,汤藻等带领学生张贴标语、散发传单,向社会揭露反动校长和训育主任的丑行,以争取社会各界的同情与支持。当局迫于众怒,不得不免除朱定钧、蒋建白的职务。但同时,又以所谓"煽动学潮"的罪名无理开除了汤藻等7名学生。

汤藻同志考入晓庄师范,成为陶行知的得意门生。汤藻同志于1927年2月加入中国共产党,1928年年初,因参加反帝革命运动,汤藻与刘季平及同学共7人被如皋师范开除,后经如皋教育局局长吴树谷的帮助,介绍转往晓庄师范,通过考试,成为晓庄师范招收的第3期学生。人家不要的学生,陶行知先生要。1928年2月,陶行知先生接纳了他们,进入晓庄师范学习,继续开展革命活动。在晓庄,汤藻品学兼优,学习刻苦认真,是学生中的佼佼者,被陶行知视为学生中的骨干力量,陶行知敢于把重任给他,把创办学校的任务交给他,让他独当一面,冲锋陷阵。

1929年秋,汤藻遵照陶行知先生的教导,发扬晓庄精神,热情为农民及其子女服务。他不仅教农民孩子读书识字,还经常走村串户,跟农民交朋友,了解和关心农民疾苦。晚上举办夜校扫盲、讲时事、讲故事,在农民群众中宣传革命道理,深受广大百姓的喜爱。

汤藻同志经常在晓庄后山的小松林进行组织生活。1928年的夏天,中共晓庄支部正式成立。晓庄学校后山的小松林,是汤藻等共产党员经常开会的地方。"四一二"反革命政变之后,中共组织受到破坏,晓庄支部是南京地区最早恢复的中共党支部之一,直属中共南京市委的领导。行知先生在晓庄,正值国家多难、民族危急之时,他领着晓庄师生,以"捧着一颗心来,不带半根草去"的赤子之心,与劳苦大众休戚与共。他们为谋求中华民族的解放,为探求中国教育的新路披荆斩棘、不惮前行,是时代的精英、民族的脊梁。

1928年夏,汤藻成为晓庄党支部党员,成为学生中的先进分子,一直组织学生进行革命斗争活动。他利用晓庄的自由环境,支持陶先生提出的乡村教育运动,打击反动势力,发展革命力量。在这一环境下,想方设法,利用群众,赶走了国家主义派杨晓春;联合国民党方与严,取得一个又一个革命胜利。

汤藻同志积极参与联村自卫团,治理社会,改造社会。20世纪20年代的迈皋桥地区,因为处在五山两水(紫金山、聚宝山、小红山、北岗山、幕府山,玄武湖、长江)之间,境内岗峦叠嶂,野沃沟多,加上与燕子矶、尧化门等地相连,时常有土匪劫掠。加之北伐军攻占南京后,军阀部队的一些残兵败将在迈皋桥、晓庄附近为匪,他们打家劫舍,危害百姓,弄得人心惶惶、鸡犬不宁。

陶行知先生为保乡安民,发动学生,联络村民,由学校发起组织联村自卫团,自购快枪20条,得到学生、村民的热烈拥护和冯玉祥的指导帮助。共产党员汤藻积极参加训练和各项活动,成为联村自卫团的骨干力量。该团成立后,解决了学校创办之初由于局势不稳而饱受溃兵、土匪惊扰之苦,同时也为陶行知对周边乡村进行改良试验、抓赌禁毒,做出巨大成绩,促进社会稳定。

根据社会改造事业需要,汤藻参与了禁毒委员会、禁烟委员会、禁赌委员会的一系列活动,积极开展乡村自卫工作,提高农民的自卫力,援助农民不受欺凌,推动乡村社会走向法治,作出了积极的贡献。晓庄联村的自卫团对于地方土匪劣绅起到了威吓作用;同时以联村自卫团为平台,建立禁烟、禁毒等组织,努力肃清影响社会治安的不良活动,变成宁静质朴的村庄。对于创建文明健康的乡村社会风气,产生了积极的作用。

汤藻同志到乡下去,为农民子弟服务。陶行知先生是乡村教育运动的实践者,倡导"教育下乡去"的主旨,以此改造当时中国落后农村的文化,培养新农民,增强改造自然社会的本领和自立、自治、自卫的能力。汤藻积极响应陶行知先生的号召,实践陶行知的"知行合一"的思想,在学业未尽时,就一边学习一边开始走入乡村,推广生活教育,为广大老百姓服务。当时中山门外以种植苜蓿的农户居多,加之当时孙中山先生的陵寝正在紫金山修建中,有大批农民孩子和建筑工人的孩子入学无法成行。汤藻首先开始走访调查中山门外一带农户孩子的教育状况,宣传农村教育的重要性,使得部分孩子得以入学。至此农户们对这样的利好消息一时奔走相告。随着入学孩童逐步增加,教育经费、办学地点立刻成为困难,好在这样的困难并没有持续多久,于1929年3月经"孙总理丧事筹备委员会"协调同意,将拿出5 000元启动资金,以紫金山中山陵为中心,把四周农户的入学儿童集中为六个教学点,成立学校进行普及教育,其中汤藻所执教的中山门地区被划为以明孝陵"石像村"为中心的学校。石像村中心小学,当时入学学生71人,但考虑没有合适的校址,新校暂时无法建成,就以中山门外苜蓿园附近一座关帝庙作为临时校址开始办学,汤藻成为南京东洼子小学首任校长。

汤藻同志积极准备武装暴动,秘密印制和散发革命传单。1930年春,晓庄师范师生因为参加声援和记工厂工人罢工斗争的示威游行,学校被当局封闭,师生被迫离开学校。为迎接南京武装暴动,汤藻接受了党的地下印刷厂秘密印发传单的重要任务,他化名杨再生,在南京一枝园地下印刷厂隐蔽起来,突击印发传单。为宣传革命斗争,准备了大量宣传材料。

1930年7月1日,汤藻刻写完《中国红军十四军第二师成立宣言》即将付印时,国民党军警破门而入,汤藻不幸被捕。在狱中,敌人动用了各种酷刑,汤藻始终坚贞不屈。同年8月18日,汤藻在南京雨花台遇难,牺牲时年仅22岁。

十七　晓庄革命烈士马名驹:英雄魂魄,浩然正气

马名驹(1908—1930年),男,江苏如皋人。1927年加入中国共产党。

1928年2月,由如皋师范转入南京晓庄师范学习。1930年4月,晓庄师范被查封后去东洼子小学任教。为准备南京暴动分发革命传单时被捕。8月16日,在雨花台就义,年仅22岁。

22岁牺牲的烈士马名驹,没有留下遗物和照片,没有后人知道他的模样。我们曾经去如皋石庄镇永隆村,寻觅烈士马名驹的足迹与照片,马名驹的本家侄子马玉生老人也没见过马名驹,只知马名驹去南京读书,后来没了音讯。马名驹的父亲早逝,母亲一直苦苦盼着儿子返乡,一直等到1950年,刘季平派人接马母去上海颐养天年。老人家盼了20年,等来的却是噩耗,精神支柱没了。老人家勉强去了上海,住了一个月。马名驹的老同学刘季平夫妇把老人当成自己的母亲,可老人家就是不习惯大城市的生活,一定要回老家生活。回来不久,老人家就去世了。

2021年8月19日,采访刘季平的女儿刘爽,她向笔者描述他的父亲刘季平在晓庄的唯一的一张照片是与如皋老乡一起的合影。1928年年初,因领导学生爱国运动被江苏省如皋师范学校开除的学生党员刘季平、石俊、汤藻、马名驹,同时考入晓庄师范。他们4人很快与南京市委取得联系,同年夏天,秘密成立晓庄支部,刘季平任书记。1928年8月,晓庄学校成立联村自卫团,陶行知先生任团长,刘季平(任副团长)、石俊、汤藻、马名驹积极参与联村自卫团的活动,4位老乡每天清晨一起列队出操,精神抖擞;傍晚演习打靶,勤学苦练,军事技能大大长进。其目标是一年内肃清土匪,禁绝烟赌。联村自卫团专请二团尹营长为训练教官,实施查夜、戒严放哨,限期查封烟馆和赌场,劝诫吃烟。食力厅展示许多烟具,原来是查封烟馆的成绩。净化环境,共建平安的村庄。

2021年9月6日,我们向南京市刑侦局领导提供马名驹在晓庄的相关信息,他们通过科技手段,9月13日绘画出马名驹的相片。

马名驹同志,出生于一个贫困农民家庭。他7岁入学,继而升入如皋中学读书,毕业后考入如皋师范。1927年,大革命时期,马名驹不惧怕白色恐怖,依然加入了中国共产党,他与如皋师范的一批进步同学团结起来开展了反帝反封建斗争。"四一二"

马名驹的画像

反革命政变后,如皋的国民党县党部扯起了"清党"的旗子,开始搜捕共产党人和进步群众。同年秋,县党部派来"清党"人员朱定钧、蒋建白接任如皋师范校长和训育主任。他们一到校就严禁学生参加革命活动,甚至规定学生进了校门一概不准外出。这些规定引起了全校师生的不满,在校党支部的领导下,全校开展了"驱朱、驱蒋"斗争。马名驹等人带领学生到校外张贴标语,散发传单,揭露反动校长和训育主任的丑行,以争取社会各界的同情与支持。当局迫于众怒,不得不免除朱定钧、蒋建白的职务。但同时,又以所谓"煽动学潮"的罪名无理开除了马名驹等4名革命学生。

1928年,刘季平(左一)、汤藻(左二)、石俊(左三)、马名驹(左四)

进步学子马名驹奔赴晓庄求学,不断开展革命活动。1928年2月,马名驹和刘季平、石俊、汤藻一起来到南京晓庄师范学习,并很快成为中共晓庄师范党支部一员,继续开展革命活动。

1930年4月,由于晓庄师范学生参加南京反帝示威游行,学校被国民党当局封闭,校长陶行知也遭通缉,师生被迫离开学校。

马名驹从晓庄来到东洼子小学担任代课教师,继续坚持革命斗争。当时,国民党政府在东洼子强征土地,引起农民不满,但大家敢怒不敢言。马名驹抓住这个机会,多次召集学生家长及农民开会,鼓动大家起来抗争,保卫家园。他们还在附近村落、街头、茶馆散发传单,提出"反对强征土地,打倒贪官污吏、土豪劣绅"的口号。他们的革命活动引起了国民党特务的警觉,开始派人监视。根据中共南京市委的指示,为准备武装暴动,马名驹负责把秘密印刷的传单送到各个点交给其他人员散发。

马名驹积极为百姓谋利益,改造乡村社会。马名驹同志是陶行知先生乡村教育运动的忠实实践者,通过生活教育,力求改造社会。马名驹信仰共产主义,是一个坚定的马克思主义者。他情愿做人民的公仆,联合社会各界同志,努力奋斗和创造这个世界,目标是做到人人有饭吃、个个有衣穿,都能过富裕的日子。马名驹说:"我的目的是为广大群众谋福利,决不自私自利。"《共产党宣言》的最后一句话"全世界无产者联合起来"成为他的口头禅。在广大群众中,他大力宣传共产主义理论。1930年6月20日,马名驹正在中山陵园游泳池附近张贴传单,并向周围老百姓散发传单时,突然被巡警发现,因躲避不及,不幸被捕,传单也被搜出,作为证据。

在狱中,他面对严刑拷打,宁死不屈。他说:"革命志士不怕牺牲,革命种子已经布满大江南北,一定会不断成长起来,中国共产党最后必将取得胜利!"马名驹在狱中表现出坚定的信念,为自己的理想而斗争,活一天就要斗争一天,直到生命的最后一息。马名驹同志把毕生的精力献给了共产主义事业。他说:"人生最快乐的事情,是个人真正献出一切利益,努力为人民的独立、自由、解放而斗争,尤其要为劳动大众的解放和利益,以真理、正义、公道为人民的幸福而斗争。"面对着死亡,他放声大笑,表现出坚定的革命意志和高度的革命乐观主义精神。1930年8月16日,马名驹在南京雨花台英勇就义,牺牲时年仅22岁。遗憾的是,马名驹同志没有留下任何遗物。

十八 晓庄革命烈士谢纬棨:共产主义就是我的信仰

谢纬棨(1910—1930年),又名宗晖,湖南长沙人。1927年春考入晓庄师范,1930年参加上海戏剧运动联合会、南京自由大同盟;1930年因学校被国民党当局查封,他转移上海后被捕,后解来南京,10月牺牲,年仅20岁。

谢纬棨在晓庄一直追随陶先生,创办吉祥庵小学。1927年3月15日,陶行知先生在晓庄开创了中国现代乡村平民教育运动,从那时起,晓庄就成了千千万万进步青年心中的"教育革命圣地"。谢纬棨就是其中一位。他特别欣赏陶行知先生制定的培养目标:具有改造社会精神的新型乡村教师。学校招生广告明确表示,欢迎"愿与农民共甘苦,有志增进农民生产力、发展农民自治力"的青年学子,"小名士、书呆子、文凭迷最好不来"。陶先生的办学理念与目标,深受革命青年谢纬棨的认可,谢纬棨成为陶行知先生忠实的追随者,立志投奔晓庄,改造中国社会。

谢纬棨(左一)

1927年春,谢纬棨通过笔试与面试,考入南京晓庄师范。上学时,他住在农民家里,教农民认字学习,结交了许多农民朋友。毕业后,陶先生派他去创办吉祥庵小学。吉祥庵小学由所在地的名称吉祥庵命名。吉祥庵小学这座小古刹,即尼姑庙,建造年代久远,因谢纬棨去办学而出名。一个月之内,他利用庙里的房子创设开学。谢纬棨坚定、机智,待人诚挚,富有组织才能,在学生中享有很高威望。当时陶行知先生亲临现场演讲开校,给予充分肯定。陶行知评价谢纬棨:"全身都是聪明!"

吉祥庵小学于1928年3月7日在风雨中开学了,陶先生开学典礼上的讲话:"风来了!雨来了!谢老师捧着一颗心来了!"谢纬棨走进孩子们的心里,教孩子们认字,生动形象。吉祥庵小学三间小庙,设备简陋,却办得生气勃勃。

1929年2月,田汉先生带南国剧社到南京晓庄师范演戏。恰巧有一幕剧,缺一个角色,便由谢纬棨扮演。在演出中他展示了演剧才能,从此,他与戏剧结下了不解之缘。

谢纬棨是年轻有才的戏剧家,是最早来到晓庄师范的共产党员。他认为晓庄剧社是宣传、发动广大群众的好方式。谢纬棨积极"走出学校,到社会去"。谢伟棨与陶行知先生合演田汉的《生之意志》一剧,被称为双璧生辉的经典。晓庄剧社先在南京演出,然后沿沪宁线等城市各演多场,深受广大百姓欢迎。对群众有着强烈的教育、鼓动作用。在晓庄剧社上演田汉的《生的意志》一剧中,陶先生和谢纬棨扮演剧中的父子,演得很成功,一时传为佳话。剧社还去镇江、无锡、苏州、常熟、宝山、嘉定、杭州等城市与乡村演出文明话剧34场,受到各地好评。因为演的多是悲剧,不少观众感动得流下眼泪,当时的报纸评论说:"晓庄剧社赚了许多观众的眼泪。"

因表演天赋,田汉先生特邀谢纬棨加盟南国剧社。1930年2月,上海成立戏剧运动联合会,田汉先生特邀谢纬棨加入。收到邀请函,谢纬棨马上找到陶校长,陶校长立马答应,开心地说:"好事情,好事情,这个门槛不低,艺术的殿堂,祝贺,祝贺。交代个任务去,顺便带新剧本回来,我们晓庄剧社要发展,要上新戏啊!"谢纬棨当即点头答应。

1930年4月,谢纬棨回到南京晓庄,参加了共产党的外围组织"南京自由大同盟",成为骨干分子。不久,他参加了地下党领导声援下关和记工厂工人罢工斗争的示威游行。谢纬棨走在游行的最前列,高呼口号。蒋介石查封晓庄师范后,谢纬棨遭到搜捕,后在南京地下党组织安排下,他去上海隐蔽。年轻的戏剧家谢纬启在上海参加南国社活动,化名宗晖,他在田汉作的《卡尔曼》一剧中扮演革命者卢卡斯,颇获成功。1930年6月,谢纬棨在上海左联戏剧家协会《卡尔曼》剧中主演了革命者卢卡斯,首演三天后,该剧就被国民党禁演,后来《卡尔曼》禁演,南国社被封。

余仲篪在上海找到了谢纬启,假惺惺地对他表示同情。其实谢纬棨是余仲篪的救命恩人,1927年秋,余仲篪对前途失去信心,情绪低落,去燕子矶跳江,正是谢纬棨把余从燕子矶的悬崖边拽了回来,捡了他一条小命。一天,余仲篪骗谢纬棨同去上海大戏院看电影,在戏院门口埋伏着特务,把他逮捕了。

谢纬棨很快被解往南京,敌人审讯时,问他是不是共产党,他说:"我虽然还没来得及参加共产党,但我坚信共产主义!"他被捕后迭遭酷刑,终不屈服。就义那一天,敌人拿了笔和纸给他,问他有什么话留下,他把纸笔向敌人脸上掷去,大声说:"老子的留言就是要打倒蒋介石,实现苏维埃!"说完唱起《国际歌》,从容地走向刑场。

十九 晓庄革命烈士袁咨桐:年龄最小的革命者

袁咨桐(1914—1930年),贵州习水县土城镇人。1924年入贵阳达德学校,1929年随老教育家黄齐生(王若飞舅舅)到南京晓庄师范小学部读书,加入共青团。1930年年初,升入晓庄附属劳山中学并担任地下团支部书记。同年9月17日,被敌人枪杀于雨花台,年仅16岁,是雨花台烈士陵园中年龄最小的烈士,是在雨花台就义的晓庄十位英烈之一。

袁咨桐,1914年出生于贵州赤水(现习水)土城水狮坝一富庶家庭,又名袁庆吾、袁荣先。袁咨桐兄弟姐妹七人,其排行第四,因家庭富足,4岁入自设私塾读书。1924年,袁咨桐进入贵阳达德学校就读,逐步受到著名教育家黄齐生爱国爱民思想影响。1927年,黄齐生遭军阀通缉,被迫逃离贵阳,袁咨桐

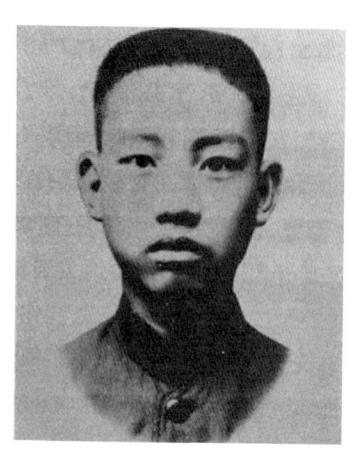

16岁的袁咨桐

随其避难四川。同年,随黄齐生辗转抵达上海,结识黄齐生外侄王若飞,聆听革命教诲。1929年,袁咨桐随黄齐生抵达南京,并考入南京晓庄师范小学部读书,在晓庄师范中共地下支部影响下,加入中国共产主义青年团,积极参加革命活动。在校期间,袁咨桐创作剧本《玫瑰花》,控诉旧社会的黑暗和不平等。1930年年初,袁咨桐升入晓庄师范附属劳山中学并担任地下团支部书记。4月,袁咨桐参加晓庄学生声援南京和记工厂工人反帝斗争的示威游行。

袁咨桐幼小的心灵,萌发革命信仰的种子。袁咨桐胸怀天下百姓,早已把生死置之度外。他曾经两次被捕,却从来没有被白色恐怖吓垮。一旦出狱,他立即投入战斗,立即又投入下一个生死考验。1930年5月,他因参加革命工作第一次被捕。敌人搬出他的师姐与他一次次谈话,企图改变他的共产主义信念,却丝毫不能动摇。经家人多方努力,袁咨桐被保释。出来以后,他立即投入新的战斗,仅仅三个月,他再次被捕。在狱中,他给二哥写了一封家书。信中写道:"一个人到了不怕死的地步,还有什么顾虑的?有了这种舍己为公奋斗的精神,还怕理想事业不能成功?"

1926年黄齐生出任遵义省立第三中学校长兼语文教师。3月31日,国民党在重庆屠杀共产党人,学生王景任等组织了"三三一"救援会,发表宣言。黄齐生将宣言在学校集会上宣读,并斥责国民党顽固派之反动罪行。此时,有一学生抗拒包办婚姻,自由恋爱而结婚,黄齐生对他们大加赞赏,并为他们证婚,还在校刊上发表反对封建婚姻的文章。黄齐生的所作所为,代表了社会进步,虽深得包括广大师生在内的社会进步势力和向上向善的人们的拥护和欢迎,却被反动封建势力所仇视和痛恨。1927年,黄齐生先被学校解职,接着又被反动派通缉。

为了避免被捕入狱,黄齐生匆匆离开黔北,前往四川避难,13岁的袁咨桐不顾父兄的劝阻,毅然随黄齐生、王景任一起来到四川,之后又随黄齐生等到达上海。在上海,袁咨桐随黄齐生等见到王若飞,听他讲述世界革命形势和马克思列宁主义。袁咨桐懂得了许多革命道理,为他以后在晓庄积极参加革命打下基础。

袁咨桐从小接受革命思想影响,一切为了劳苦大众翻身。在晓庄小学读书的袁咨桐,为人正直,胆子大,乐于助人,上劳动课时,有什么脏活累活,他总是抢着干,平时热情帮助小同学,跟穷人的孩子关系密切。他在同学中威信高,大家都尊敬他,称他为"袁大哥"。一次,上自然课,石俊老师带大家去捉蛇,石俊是捉蛇能手,一手一抓一个准,动作十分干净利索。袁咨桐很佩服石俊老师。他让石俊老师教他捉蛇,其他小同学看到蛇都有些害怕,袁咨桐却勇敢地上前学做石俊老师的方法捉蛇,袁咨桐很勇敢,很果断,很成功。石俊很喜欢这个天不怕、地不怕的学生。

课余时间,石俊经常找袁咨桐聊天,了解他的身世,当知道他的大哥袁灿先在国民党一所军官学校读书,石俊问:"你大哥常来看你吗?他关心你吗?"袁咨桐说:"他凶得很,看到我就训人,整天和朋友在一起吃喝玩乐,我就看不惯他这种生活方式,国民党政府本来就是这样吗?腐败的、反动的,背叛革命,倒行逆施,日子长不了。"于是石俊拿了一本书递给袁咨桐,袁咨桐翻开一看,扉页上写着"什么是布尔什维克"几个大字,袁咨桐瞪着惊奇的眼睛问,这个是什么书啊?石俊笑笑说,你看了就知道了,布尔什维克是列宁领导的共产党,这个党要消灭一切财主和资本家,让穷人翻身做主人,最后实现共产主义。在石俊的帮助和教育下,袁咨桐加入中国共产主义青年团,积极参加革命活动,看了许多革命书籍,并把书中的道理讲给同学听,讲给农民听。

袁咨桐在晓庄,积极投身革命活动。1929年1月初,南京晓庄学校聘请黄齐生到校讲授文史课程。黄齐生举家迁往南京。袁咨桐随行黄齐生先生,来到晓庄读书学习。在晓庄学校,袁咨桐接触到了地下党组织,阅读到许多进步刊物,在石俊、叶刚等人的教育和引导下,投身到晓庄的革命洪流之中。不久,他秘密加入青年团,还创作了剧本《玫瑰花》,由"晓庄剧社"演出,向人们控诉旧社会的黑暗和不平等。

1930年年初,袁咨桐升入晓师附属劳山中学读书。2月,上海地下党领导成立"中国自由大同盟"的消息传到南京,晓庄地下党支部联络了中央大学、金陵大学、东方中学、五卅中学等部分师生,成立"南京中国自由大同盟分部",并在劳山脚下举行成立大会,大会选举晓庄学校刘焕宗为"南京中国自由大同盟"负责人,徐一冰调任党支部工作,袁咨桐担任团支部书记职务。

3月的一天,晓庄小学的学生准备到栖霞山春游并采集标本,但无钱买票,要求铁路局答应他们免费乘车,遭到拒绝。一个星期天,袁咨桐等人组织

"晓庄剧社"的演出

和带领晓庄各小学的师生200余人,来到和平门车站,并冲上火车。袁咨桐发表演说,散发传单,要求当局"拟定小学生免费旅行条例",为儿童考察、游览创造条件,得到许多旅客的同情和支持,这次旅游斗争取得了胜利。

4月8日,蒋介石密令停办晓庄学校。9日,国民党当局以晓庄学校"违背三民主义,散发反动传单,勾引反动军阀,企图破坏京沪交通"等为由,勒令晓庄学校停办。随后,南京国民政府教育部派人接收整理晓庄学校。

晓庄学校师生则组织"护校会",向南京国民政府教育部请愿并散发宣言,高呼"反对停办晓庄学校""保障乡村教育事业"等口号以示抗议。4月12日,国民党政府以晓庄学校"非法组织委员会,发布宣言,四处诱惑,希图扩大反动风潮,实行破坏京沪交通,扰乱社会秩序"的罪名为由,强行封闭晓庄学校。晓庄学校被国民党武装军警强行解散,当时及以后被捕者30余人。国民党政府还以"阴谋不轨,秘密布置党羽,企图暴动"的罪名通缉避走上海的陶行知。在这一系列的斗争中,袁咨桐不仅表现积极,非常勇敢,而且发挥了很重要的作用。组织安排袁咨桐去上海,但他却坚持留在南京继续战斗。

5月,袁咨桐在街上散发传单时被捕。他在国民党军队中做官的哥哥曾多方营救,而同为黄齐生学生的陈瑾(时任国民党首都卫戍司令谷正伦的夫人)也出面劝说袁咨桐。他们认为袁咨桐是被共产党和共产党宣扬的共产邪说迷住了,只要袁咨桐申明脱离共产党,仍然可以有自己的远大前程。

袁咨桐被捕后与其哥哥的合影

陈瑾的劝说没有能够起到作用,最后还是由袁咨桐当国民党军官的大哥出面,将袁咨桐保释出狱。袁咨桐大哥对袁咨桐恐吓说:"这次保你出去,你要再跟着共产党干,我就毙了你!"袁咨桐出狱后,没有理会大哥的恐吓,继续坚持斗争。

晓庄学校被查封后,袁咨桐继续坚持革命斗争。晓庄学校被查封以后,袁咨桐和石俊、叶刚一起在南京坚持斗争,他们虽然人少,但是胆子很大。袁咨桐有时有些急躁,每次都冲在前面,没太注意隐蔽。一次散发传单时,袁咨桐又被捕了。当时首都卫戍司令谷正伦的妻子陈瑾是黄齐生的学生,她又来与袁咨桐谈话,桌子上摆放着买来的水果、糖果和糕点。陈瑾假惺惺地说:"你我都是黄老的学生,你还是他的义子,年纪轻轻,又漂亮、又聪明,能说会道,前途远大,唉,怎么信仰共产主义啦,你才16岁呀。"袁咨桐不屑一顾:"我已经16岁了,不再是小孩,我有自己的主张。"

袁咨桐第二次被捕,敌人用各种酷刑,想迫使他屈服。意志坚定的袁咨桐则坚决不低头。敌人恼羞成怒,准备判他死刑。

黄齐生闻讯后,找到谷正伦,希望能凭贵州同乡和自己在社会上的声望营救袁咨桐,"学生爱国有心,虽然行动过激,也不至于犯了死罪,袁咨桐仅16岁,更不该如此判决,我特来请求释放"。谷正伦坚持说,释放袁咨桐可以,但他必须写自首悔过书,登报公开悔过,声明与共产党永远脱离关系。谷正伦拿着准备好的悔过书,对袁咨桐说:"你别太任性了,你的罪足以判死刑,人死还能复生吗?"

袁咨桐的九弟媳手中有一张袁咨桐的狱中照片,非常珍贵,她一直保存着这张照片。

袁咨桐的九弟媳说,新中国成立前,袁家在当地属于家境殷实的大户人家。袁咨桐在家排行老三,大哥、二哥都是做官的。袁咨桐被捕后,大哥、二哥花钱四处活动,想把他救出来。后来都疏通好了,但条件是,他要写份"悔过书"。"二哥太倔强,大哥、二哥苦苦劝说,他就是不写。"九弟媳说着,拿出一张袁咨桐的旧照,照片是袁咨桐的大哥帮他在狱中拍的。牺牲前一天,袁咨桐在这张照片的背面写了"永别人世"4个字,将照片交给大哥,表达了慷慨赴死的决心。年仅16岁的袁咨桐坚持自己对共产主义的信仰,并宁愿为之捐躯。"一个人只要死得其所,虽死犹生。"他坚定地回答,毅然拒绝在谷正伦拿来的悔过书上签字。

袁咨桐知道敌人是不会放过自己的,他在狱中给自己二哥写了一封信,信中写道:"我们各有着不同的处境,有人在忍辱顺受,有人在观望徘徊,有人在勇往直前。一个人到了不怕死的地步,还有什么顾虑的? 有了这种舍己为公奋斗的精神,还怕理想事业不能成功?"

这更加激怒了谷正伦。他派人对袁咨桐动用了各种酷刑,袁咨桐全身上下被打得皮开肉绽,双臂被吊得脱了臼。尽管如此,袁咨桐始终坚强不屈,视死如归,不向敌人透露一点秘密。根据当时国民政府的法律,不满18岁的人是不能被判死刑的。但是敌人竟卑鄙地在判决书上将他的年龄改为18岁,对袁咨桐判处极刑。

1927—1930年间,在江苏南京活动的众多党组织当中,有一支年轻的队伍,就是南京晓庄师范的师生们,其中袁咨桐因参加爱国活动而遭到国民政府的逮捕。在狱中,他们坚贞不屈,最后血洒雨花台。"一个人到了不怕死的地步,还有什么顾虑的? 我一直坚信共产主义就是我的信仰!"16岁的袁咨桐说:"现在我是一名共青团员,可惜我还没有成为共产党员,但是我依然要像一名共产党员那样去战斗,像一名共产党员那样去面对死亡。"

袁咨桐牺牲时年仅16岁,是雨花台烈士中年龄最小的一位。他用年轻生命谱写了一曲荡气回肠的英雄壮歌! 历尽艰难困苦,经受了血与火的考验。南京雨花台,是新民主主义革命时期共产党人最集中的殉难地。在雨花台英勇就义的革命烈士有近十万人之多,其中留下姓名的就有1519位,晓庄十英烈之一的袁咨桐是牺牲在雨花台最小的一位烈士。

当袁咨桐就义的噩耗传到上海,左联战士、无产阶级作家柔石悲痛不已,挥笔写下了《血在沸——纪念一个南京被杀的小同志》:"血在沸,心在烧,在这恐怖的夜里,他死了! 在这白色恐怖的夜里——我们的小同志,枪杀的,子弹丢进他的胸膛,躺下了一小小的身子,草地上,流着一片鲜红的血! 血在沸,心在烧,我们16岁的少年同志被残杀,在这白色恐怖的夜里!"

23岁、19岁、17岁、16岁,花样年华,美丽青春。如此宝贵的年龄,却成为烈士们人生的终点、生命的定格。

二十 晓庄革命烈士姚爱兰:意志坚强,高洁若兰

姚爱兰(1912—1930年),江苏南京六合人,共青团员,南京晓庄学校学生。1930年被捕,同年9月就义于雨花台。1912年,姚爱兰出生于南京六合

县东王一个富裕农民家庭,她是家中独生女。16岁那年,在思想开明的祖父引路下,姚爱兰慕名考入陶行知先生于1927年3月创办的南京晓庄试验乡村师范学校读书。为了革命事业,姚爱兰大义凛然、慷慨赴死。共青团员姚爱兰在狱中说道:"我是共青团员,可惜我还没有成为共产党员,但是我要像共产党员那样去生,去死!"姚爱兰牺牲时年仅18岁,她用生命诠释着为信仰而生、而死的高尚品质。

2021年4月,笔者奔赴六合姚爱兰英烈的家乡,寻访英烈的故事,深入挖掘出一段段不为人知的革命历史。在英烈的出生地、成长地重走英烈足迹,访谈烈士后人,寻访一手资料,挖掘英雄红色故事。笔者采访了姚爱兰烈士的侄女姚梓芳女士。姚女士说:"从父亲那里,我听说过很多关于姑妈姚爱兰的故事。在我心中,姑妈这个人太坚强、太勇敢了!"

1928年夏天,16岁的姚爱兰在祖父的带领下来到了南京北郊劳山脚下的晓庄试验乡村师范学校。姚爱兰是独生女,亦是全家的"掌上明珠",本来她思想开明的祖父一心想让孙女上"洋学堂",可听闻陶行知先生主张"生活教育"思想,力行教学做合一,她的爷爷就慕名带着孙女来到晓庄,接受陶行知的生活实践教育。校长陶行知对于这个略带稚气和腼腆的姑娘十分喜欢,立即收下姚爱兰为弟子,就这样姚爱兰成为晓庄学校的一员。

姚爱兰在耳濡目染之下,逐渐成长为一名进步学生。1928年的夏天,"四一二"反革命政变刚过去一年,晓庄学校秘密成立了地下中共党支部、共青团支部,党员、团员活跃在校内各个组织中,是其中的中坚力量。他们在课堂上讲授革命道理,姚爱兰听了深受启发。姚爱兰的嗓子清亮,唱歌动听。石

姚爱兰

俊、叶刚常常带着她到晓庄中心茶园为农民唱歌。她唱陶先生作词的《锄头舞歌》《镰刀舞歌》,农民特别爱听。姚爱兰美妙的歌声,飞过六朝古都,将解放的思想传递到了长江南北。

1929年,17岁的姚爱兰秘密加入共青团,成为革命活动的骨干力量。在学校,姚爱兰是"晓庄剧社"的主要成员,她与老师、同学一起排演田汉剧作和陶行知创作的独幕剧《渔姑的烦恼》《卖花女》,等等,这些爱国革命剧作不仅在

南京乡村演出，还前往苏锡常沪杭等地巡演，催人泪下，引发观众的强烈爱国共鸣。

1930年4月，为声援下关和记工厂工人罢工，晓庄师范师生举行示威游行，招致国民党当局武装封校，姚爱兰随即参加护校团，同国民党当局进行坚决斗争。险恶环境之下，陶行知被通缉而流亡海外，许多师生被迫转移。姚爱兰继续留校坚持秘密斗争，直到祖父硬把她接回六合东王老家。

姚爱兰在学校被封后回到了六合老家，但她经常写信给南京的同志，关心着革命工作和同志们的安全。7月中旬，担任联络工作的沈云楼同学被捕。沈云楼是江苏兴化人，在晓庄师范学校入党，他跟姚爱兰关系密切。沈云楼被捕后，国民党特务查获了姚爱兰给沈云楼的信，按信上的地址，特务到六合东王逮捕了姚爱兰。姚爱兰被捕地是在家乡的小桥边。

姚爱兰被抓捕后的关押地

根据当地的一位张姓老人介绍，六合东王镇在县城打工的一个小伙子，是姚爱兰的邻居，一大早听说国民党密捕，马上要去东王抓捕姚爱兰，立马放下手头的活，准备回去通风报信。他从县城向东王方向跑去，烈日炎炎，一路狂奔50里，没有喝一口水，精疲力尽。到了东王家中喝了一碗水，即去通风报信，可惜密捕已经赶到，抓获了姚爱兰。就这个喝一碗水的功夫，成了东王小伙子一生的遗憾、一生的痛。

姚爱兰的侄女姚梓芳女士回忆："姑妈是在河边洗衣服时被密探发现逮捕的，敌人想从姑妈口中套出其他几位革命同志的地址信息，被姑妈发觉并拒绝。临被带走时,姑妈在一张香烟纸上写了一段话:爸妈,你们不要指望我了,我现在出去一趟大概回不来了。"姚女士说:"爷爷奶奶发现纸条后,让爸爸出去找姑妈,但找了几天也没找到。"被捕后,姚爱兰先在东王的一间瓦房里被关了七天,在六合县城又被关了七天,然后乘船押解南京监狱。

姚爱兰被捕之后的东王临时关押处,是一座灰砖灰瓦的逼仄房舍,现在因为门已上锁,笔者透过窗户缝隙窥向房内,只感受到当时姚爱兰关押处阴暗恶劣的环境。

姚爱兰被捕了,但她没有放弃斗争。敌人想让她交代地下党材料,过江时,当押送她的小火轮行驶到黄天荡附近时,姚爱兰骗特务打开手铐,乘其不备,纵身一跃,奋力游向江边。特务们慌了手脚,残忍地拿起带钩的长竹篙,将她敲晕并钩上了船,水里是一路的血印子,又把浑身是血的姚爱兰手脚都铐住。

被钩上船的姚爱兰鲜血淋漓,昏迷过去,敌人舀来一盆水,直接浇到了姚爱兰的伤口上。上岸时,姚爱兰的衣衫早已被献血染红,她拖着沉重的脚镣,一步一步艰难地行走。面对群众的围观,她继续怒斥国民党,高呼革命口号。她的坚定信念、勇敢无畏,感染了所有沿途的群众。事后,国民党的报纸歪曲事实,捏造了一则"女共匪投江自尽"的报道,以蛊惑民众。

姚爱兰同志在狱中受尽折磨,宁死不屈。姚爱兰入狱后,受尽种种酷刑,敌人用镊子往她指甲根部挑去,用土铐子来折磨她,但姚爱兰始终没有透露任何关于党的情报机密。在狱中,姚爱兰慷慨说道:"我是共青团员,可惜我还没有成为共产党员,但是我要像共产党员那样去生,去死!"

南京六合东王村的姚爱兰烈士纪念碑

1930年9月17日,年仅18岁的姚爱兰在雨花台牺牲。姚梓芳红了眼眶,泪水不停在眼眶里打转。姚梓芳说,她从姑妈身上学到了很多东西,树立革命的信念,做好人,行好事。街上的老人,有儿女不在家的,姚梓芳都会时常过去帮忙,或者送点蔬菜,或者去帮忙收拾家务,或者做做饭。年轻时,姚梓芳在巷口捡到一个别人遗弃的婴儿,把她抱到家里,一直抚养成人。在姚梓芳看来,她所做的一切都深受姑妈姚爱兰的影响。

听着姚梓芳女士的讲述,笔者的内心难以平静,也许,岁月能改变山河,但是有一种精神永远不会衰落,为祖国牺牲的先烈,他们的理想、信念,使千万人的心灵为之震撼。

二十一 晓庄革命烈士纪念碑

晓庄是一片红色的热土。晓庄革命烈士纪念碑,2021年6月被评为南京红色地名,成为南京红色地标。晓庄革命烈士纪念碑,矗立在南京市栖霞区行知园内,毗邻陶行知先生墓,是为纪念1930年被国民党当局杀害的晓庄师范10名中共学生党员和共青团员。

1927年3月15日,陶行知在这里创办晓庄试验乡村师范学校,立志要"筹募一百万基金,征集一百万位同志,提倡一百万所学校,改造一百万个乡村,一心一德地为中国乡村开创一个新生命"。陶行知改造乡村社会的理想和行动,感召了远至贵州、甘肃、湖南等省区的进步知识青年,他们不远万里来校求学。

就在学校创办将届满月时,蒋介石集团于4月12日发

晓庄革命烈士纪念碑

动了"反共清党"运动,大批共产党员和进步群众惨遭杀害,中国共产党人被迫转入地下,革命力量也开始向农村转移。以晓庄师范为代表的新兴乡村师范,不仅吸引了许多家境贫寒的优秀农家子弟,而且收留了一大批逃亡的共产党员和左翼知识分子。

刘季平、石俊、马名驹、汤藻等中共学生党员原在江苏如皋师范就读,因参加革命活动被学校当局开除,他们相约于1928年春考入晓庄师范。同期考入的还有来自浙江省的学生党员叶刚。他们在南京市委指导下,在这一年的夏天秘密成立晓庄师范支部,刘季平担任书记。这是南京城外和平门到燕子矶一带第一个党支部。同年秋,在中共浙江省委工作的共青团员徐明清考入晓庄师范,旋即秘密成立共青团支部,并担任书记。

晓庄师范校内原有国民党和青年党两个政治派别。青年党以校务兼训育主任杨效春为代表,他与恽代英、邓中夏、刘仁静等都是"五四"时期成立的少年中国学会主要会员,1923年会员因政治主张不同而分裂,杨效春主张国家主义,反对阶级斗争,与共产主义者截然对立。国民党在校内设有支部,以方与严、程本海等学生为代表,他们属于国民党改组派,不满蒋介石集团。中共晓庄师范支部根据南京市委指示,团结国民党改组派,开展针对国家主义派的斗争,不久杨效春及其追随者离开晓庄师范,方与严、程本海等人受陶行知派遣,前往浙江萧山创办湘湖乡村师范。此后,中共党团支部在晓庄师范校内开展一系列活动,几无政敌干扰。

晓庄学校有中共地下党的活动,陶行知对此心照不宣。先生办学民主,允许不同意见讨论,他本人对国民党当局的一些行为颇有微词。南京市委指示,要充分利用晓庄师范有利的环境,支持陶行知乡村教育和乡村改造运动,扩大群众基础,壮大组织力量。在党团组织积极运动和支持下,晓庄师范先后创办了农民夜校、中心茶园、木工厂和乡村医院,成立了联村自卫团、联村救火会、禁毒禁赌会等,开展了公共卫生和公共体育运动。在上述活动中,中共党团员发挥领导作用,与晓庄附近农民群众建立了良好关系,也赢得了校内同学的信任。因为有了广泛的群众基础,党团组织不断发展壮大,到1929年年底,党团员有近30人,占全校师生总数近15%,在南京市委下属支部中,他们的文化程度、群众关系、思想理念,堪为表率。时任江苏省委书记李维汉同志说:"该校党支部领导党员和积极分子深入农村进行调查研究,发动附近农民组织联村自卫团,青年团的组织也有所发展。"

晓庄师范党团支部的成绩,得到省、市两级党委的肯定,刘季平在1930年

陶行知先生与晓庄学生党员在一起

年初调任南京市委宣传部长,石俊接任晓庄师范支部书记兼任市委宣传委员。同年2月,鲁迅等文艺界左翼人士在上海发起中国自由运动大同盟,刘季平出席了成立大会,会后以晓庄师范为根据地,发起成立中国自由运动大同盟南京分会。

在当时复杂的政治局势下,1930年4月5日,城区各校学生600余人在中央大学操场会合,由总指挥刘季平带领队伍向下关进发。行至鼓楼,反动军警用水龙冲击学生,队伍一时不得通过。这时,晓庄师生100余人步行至和平门,听到游行队伍在鼓楼受阻后,领队石俊、叶刚等人商议决定改变路线,经兴中门直往下关。在途中会合其他学校学生同行,边走边高呼"支援和记工人罢工!""抗议帝国主义屠杀和记工人!""打倒帝国主义!"等口号,并一路张贴标语、散发传单,群众皆鼓掌表示支持,甚至许多群众主动加入了游行队伍。

这一正义行动,使晓庄师范成为国民党人的眼中钉、肉中刺,遂于1930年4月8日命令教育部停办晓庄师范。4月12日,南京卫戍司令部派出全副武装的部队,强行封闭晓庄学校。同一天,国民党政府下令通缉陶行知,晓庄师范的生活教育试验至此只得暂时中止。为了革命,导致晓庄办学中止。

国民党当局先后逮捕30多名晓庄师范进步学生,10名学生成为革命烈士。晓庄革命烈士生前抱定革命理想,受尽种种酷刑,坚守党的秘密,矢志不改其志。晓庄师范进步青年的流血牺牲,在陶行知思想上引起巨大的震动。向来奉行教育救国论的他,开始关心残酷的现实和腐败的政治,转而公开同情和支持中国共产党人,特别是在 1936 年后,他积极宣传中共抗日民族统一战线和民主革命诉求,在重庆与周恩来结下深厚友谊。新中国成立后,在周恩来总理的关怀下,为继承陶行知先生遗志,弘扬陶行知先生精神,1951 年 1 月晓庄师范在距原址 1 公里处的吉祥庵恢复办学。同年 3 月 15 日创校 24 周年校庆时,全校师生员工在陶行知先生墓附近为牺牲的 10 名晓庄学生敬立纪念碑,正面刻有"1930 年为革命牺牲的校友们永垂不朽"。1997 年 7 月 1 日在原址重建新碑,正面刻有"晓庄革命烈士永垂不朽",系晓庄师范校友、时任国务委员、中顾委委员张劲夫题写,碑座刻有烈士的英名和生卒年。

不朽功勋彪炳史册,红色记忆永不磨灭。晓庄革命烈士为了人民,为了祖国,不顾自己的生命,抛头颅,洒热血,不惜牺牲自己年轻宝贵的生命。晓庄是一个红色的地方,晓庄革命烈士,雄风壮节,与山共峻极,与水同流长。晓庄革命烈士永垂不朽!

二十二　陶行知先生最后一次来晓庄

1946 年 4 月 12 日,陶行知离开驻留 7 年之久的重庆,飞抵南京,走亲访友。第三天,他回到他日夜思念的晓庄,从和平门到晓庄,沿途十里,站满欢迎的百姓。一路过来,他和农民边走边谈,农友陈荣贵关切地问:"陶叟,你怎么不坐车呀?"陶先生笑着回答:"汽车贵来稀,人力车不便宜,11 号自行车最惬意。"这一席话逗得大家哈哈大笑。

晓庄经过战火,房屋烧光,树木砍光,学校房屋、设备荡然无存。陶先生伫立片刻,环顾四周,深情地说道:"晓庄,我是一定要来的,晓庄的事业一定要坚持下去,我们要为中华民族培养无数的农艺家、科学家、教育家、航海家、飞行员。"

陶行知对农友们说道,当年晓庄儿童自办学校的小先生,如今都长大成人,这帮年轻人有志把晓庄小学恢复起来,希望乡亲们继续支持他们,把学校办好!

陶行知先生

先生接着又到他父亲、母亲、夫人和妹妹的坟上看望。他看到坟墓保存完好,感动地说:"晓庄,一切树木都烧光了,唯独墓前的两棵树还活着,这是农友的深情啊!"

陶行知到了晓庄小学,欢迎的人越来越多,他被包围在中间,许多农友师生眼里滚动着激动的泪花,连声呼唤:"陶校长!陶老师!"陶先生发表了即兴讲话,他深情问候大家,并向大家介绍了重庆创办育才学校的情况。

先生在晓庄的整个下午,一直沉浸在亲人相逢的喜悦之中。时间过得很快,不知不觉就到了傍晚,日暮西垂,先生要回城了。临行前,他请求乡亲们把晓庄小学办好。送别的群众频频挥手,不舍先生的离去。胡同炳带着师生农友,执意送了一程又一程,经陶行知先生再三劝说,大家才依依不舍地分别。

这是陶行知最后一次踏上晓庄的土地。

二十三　周恩来称:"陶行知是一个无保留追随党的党外布尔什维克"

陶行知与周恩来的革命友谊,不得不先提一个人,那就是周恩来夫人邓颖超。1938年9月1日,陶行知与邓颖超在香港文化界人士举行的欢迎大会上相识,两人致力于讲解国际形势与宣传中国抗战。邓颖超女士是国民参政会共产党员中的一位,国民参政会第一次会议结束后,她必须赶往武汉转赴重庆,参加即将举行的第二次会议。然而,当时粤汉铁路被敌机炸毁,火车不能直通,邓颖超只好取道长沙再乘船赴武汉。10月1日,傍晚时分,船靠武昌码头。此时的首都南京已经陷入日本侵略者之手,国民政府首脑撤退至武汉,大批知识分子也从上海转移到了这里,中共的八路军、新四军也在武汉设了办事处,武汉三镇成了当时全国政治、经济、文化中心。八路军办事处派车来接邓颖超,陶行知与她热情地握手道别,并说道:"请代我问候周恩来。"

同年10月5日,中共代表团的周恩来将军在八路军武汉办事处会晤了陶行知,两人神交已久。此时,周恩来在国共联合抗战的名义下担任了军事委员会政治部副部长。这位副主席,一身便装,高高的鼻梁,浓浓的剑眉,目光炯炯,既有文人的潇洒,又有军人的飒爽。"陶行知先生,您好!您环球一圈,做了大量抗日工作,辛苦了。"周恩来伸出两只手来,紧紧把陶行知的双手握住。不一会儿,便从西安事变、七君子事件到国内抗战的情势,开始了推心置腹的促膝长谈。陶行知先生第一次与这位中国杰出的政治家、军事家深谈。他的谈吐,他的风范,都令陶行知折服。接着,周恩来先生提到,陶先生多年倡导的平民教育、乡村教育和"小先生制"在边区得到了发展。抗战前一年,全边区只有100多所小学,现在有700多所小学,如今还建立起了中学和师范学校,还有许多工人夜校,并表示欢迎陶行知到边区参观并指导教育建设。

一次,在去香港的轮船上,陶行知看见一个4岁的法国小女孩随着乐曲跳舞,不禁联想到灾难深重的祖国,日军侵华的罪恶行径造成大量儿童失去父母、流浪街头,他决定要创办一所难童学校,要让所有的儿童受到教育。1939年7月20日,陶行知创办的难童学校在重庆北温泉小学举行开学典礼,取名"育才学校"。8月初学校迁入合川草街古圣寺,育才学校的创办也是多亏了周恩来等同志的帮助。抗战中后期,育才学校的办学经费捉襟见肘。陶行知一方面力求外援,争取民主人士帮助,一方面自力更生,师生自己种地生产,自给自足。为了支持陶行知办学,周恩来、邓颖超两次前往古圣寺慰问师生,送来物资和捐款。陶行知曾写信说:"周恩来、邓颖超二先生参观育才之后,觉得小孩子们健康有欠,特捐助400元,为小孩们购买运动器具之用。"

周恩来夫妇参观育才后不久,就派副官长袁超俊到育才学校,选拔一批难童去延安学习,一来是减轻陶行知肩上的压力,二来是让这些孩子的成长有一个更好的社会环境。其中同行的一位先生在出发前发现了一本小小的画稿本,其中有一页写着:"一代胜似一代。周恩来。"

1946年4月13日,陶行知和吴树琴专门去拜访他们非常尊敬的朋友和政治上的指路人——周恩来同志。

陶行知和吴树琴直接来到梅园新村30号,周恩来和邓颖超放下手上的工作,满面笑容地到大门口亲自迎接,周恩来拉住陶行知的手使劲握着,狠狠地摇动,倾诉着他对同志诚挚炽热的感情。邓颖超像对待小妹妹一样,把吴树琴搂在怀里,用自己的脸贴着她的脸,十分亲切。

一楼会客室里,周恩来招呼陶行知和吴树琴坐在沙发上,自己则坐在写字台前的转椅上,邓颖超在一旁忙着给他们倒茶水。沙发前的茶几上,有一个青花瓷盘,里面放了十几枚雨花石,陶行知拿起一枚在手中欣赏。

周恩来说:"这是我们来南京后,和小超一起到雨花台去凭吊牺牲烈士时,捡回来作为纪念的,随时提醒自己,任何情况下,不忘记为革命献出生命的同志。"他又问陶行知:"当年晓庄师范约有几个同志在雨花台牺牲了?"

"一共十个。"陶行知深切怀念地说,"他们都是奋发有为、非常可爱的青年。有一个叫谢休肇,又聪明又幽默,很有演戏的天分,有一次晚会,他扮演成叫花子,有的师生真掏钱给他!有一个叫叶刚,年轻的童话作家,出了一本《红叶童话集》;有一个叫袁咨桐,是当时教育家黄齐生先生的义子,牺牲时只有16岁……"提到黄老,陶行知忽然说:"上个月,'四八烈士'遇难,是不是反动派搞的阴谋?"

周恩来说:"据调查,还不能证明是敌人制造的阴谋,可能是由于天气太恶劣。"

陶行知说:"黄齐生和他的孙子黄晓庄也同时遇难了,黄晓庄是在晓庄出生的,所以取名晓庄,从小就有音乐天赋,出口成歌,后来在育才学校音乐组学习,半年之内就创作了48首歌曲,后到了延安,进了鲁迅艺术学院。"

过了一会儿,周恩来问陶行知回上海后的打算,陶行知说:"准备把育才学校迁到上海,还想办一个'晓庄式'的社会大学。"两人你一言我一语,聊了许久。

1946年7月15日,随着李、闻相继被杀,周恩来无比悲愤,夜不能寐。而陶行知在最后的100天里,终因营养不良、劳累过度,患脑出血,于7月25日逝世,享年55岁。

上午正在接见一批记者的周恩来得讯后,立即把接见之事交与助手,与邓颖超驱车奔来探视。面对一群热泪纵横的在场者,素来冷静理智的周恩来也无法抑制自己的感情,他紧紧抓住田汉的手,倾吐出对逝者的深情和对生者的关心。"你们都得保重啊,文化界的朋友们无论如何再牺牲不得了!"接着,他默默地走到陶行知先生的遗体前,俯身拉着行知先生尚有余温的手,含着热泪说:"陶先生,你放心去吧。你已经对得起民族,对得起人民。你未了的事业会由你的朋友们,你的后继者们坚持下去。你放心去吧!我们一定要争取全面的、永久的和平,并实现民主,来告慰你。朋友们都得学习你的精神,尽瘁民主事业,直至最后一息,陶先生,你放心去吧!"

当天下午周恩来回到南京,晚上他致电中共中央,称"陶行知是一个无保留追随党的党外布尔什维克",其逝世是"中国人民又一次不可补偿的损失"。

陶行知先生逝世的噩耗传出,一颗巨星落地,育才失导,痛失人师,四海同悲。周恩来给中央的电文中指出:"十年来,陶先生一直跟着毛泽东同志为代表的党的正确路线走,是一个无保留地追随党的党外布尔什维克。"

上海、延安、重庆各界人士召开追悼大会,毛泽东题词:痛悼伟大的人民教育家陶行知先生千古。在延安的追悼会上,陆定一同志代表党中央致悼词,号召全国200万共产党员向陶行知先生学习。

朱德题词:"学习陶行知先生全心全意为人民服务、不屈不挠地为独立和平民主而斗争的精神。"

宋庆龄题词:"万世师表"。

同年8月11日,陶行知的灵柩由上海运抵南京晓庄安葬,中共代表董必武、民盟副主席沈钧儒、历史学家翦伯赞、教育家陈鹤琴等共计一千多人迎柩送殡,南京各界人士和晓庄人民男女老幼设路祭迎接灵柩到来,53个人民团体联合负责安葬陶先生,陶先生安葬在了劳山脚下的生活教育发祥地晓庄村。

陶行知先生魂归晓庄。

二十四　陶行知先生的"回国三愿"

晓庄试验乡村师范学校是陶行知创办第一所学校的核心区,是生活教育的策源地与实践地。行知先生对这片土地充满深深的感情,一直深深地爱着这片土地,对当年这里的人与事记忆犹新。

当年先生以创建晓庄试验乡村师范为起点,希望通过改造教育,来改造社会,从而实现其教育救国的梦想。晓庄试验乡村师范学校是陶行知亲手创造的"乐土",他的家国情、教育梦生于斯,长于斯,而学校最终被国民党当局查封,成为重大的历史事件。"梦断晓庄"是陶行知人生中的重大变故,在被当局通缉时,先生在创作小说《古庙敲钟录》,描写他"爱满天下"的拳拳之心,"甘当骆驼",践行平民教育的伟大实践。

1938年9月,陶行知在欧美从事抗日救国活动两年后回国时,在香港对港报记者及各界人士发表了"回国三愿":一是创办晓庄学院,培养高级抗战人才;二是创办难童学校,收容教养在战争中流离失所的人才幼苗;三是在港创办店员职业补习学校,动员侨胞抗日救国。其中第三愿很快付诸实施,中华职业补习学校很快在香港创办起来,并明确以向香港青年灌输新的进步的思想,加强他们对祖国的热爱和对抗日救国的认识。

"万世师表"的陶行知,以赤子之忱所表达的教育思想和实践,代表了近代中国先进文化的前进方向;而近代中国的危机多难,又使教育救国成为其时诸多知识分子的坚定选择,陶行知正是其中最为杰出的一位典范。

先生著名的回国三愿之一是创办晓庄学院,这个愿望在2000年终于实现了。由原南京师范专科学校、南京教育学院、南京市晓庄师范学校合并组建成南京晓庄学院。目前,南京晓庄学院已经有陶行知研究院。

二十五　晓庄是一部永不完稿的诗篇

晓庄是一个星火不灭的地方。1930年4月12日,南京卫戍司令部发布布告,晓庄学校因有共产党活动,被勒令解散。陶行知遭到通缉,石俊、叶刚、谢纬縈、袁咨桐、姚爱兰、汤藻、马名驹、沈云楼、胡尚志等同志在雨花台被杀害。晓庄学院虽然被查封,但晓庄三年中培养出来的200多名学生却遍布了全国,这是晓庄生活教育试验的延续,是晓庄历史的延续,也是晓庄生命的延续。伴随着他们的足迹,生活教育的种子在全国四处播撒。

在上海,有工学团、劳工幼儿园、上海自然学园、儿童科学通讯学校、空中学校、位育中学,等等;在广东的大埔、高陂、龙川、普宁等地,有百侯中学、大麻中学、高陂中学、龙川县立简易师范、梅峰中学,等等;在福建的厦门、晋江、泉州、德化、长汀、上杭、大田等地,有集美乡村师范、集美幼儿师范、长汀国立侨民第一师范学校、长汀县立中学、上杭县立中学、大田乡村师范、德化县凤林慈儿院,等等;在安徽的巢湖、巢县、涡阳、贵池、怀宁等地,有黄麓乡村师范、涡阳乡村师范、贵池乡村师范、怀宁世则小学、歙县第一工学团、巢县园山学校,等等;在浙江的杭州、温州、云和、乐清等地,有湘湖师范、浙江省民众教育实验学校、乐清县立简易师范学校、云和县简易师范学校、温州国立英士大学等;在广西的桂林、南宁,有广西师范专科学校、桂林师范学校、生活教育社、晓庄研究所、南宁教育研究院幼稚师范班等;另外,在重庆、陕西、山东、河北定县、河南、甘肃、北京、贵州、江西等地方,都有着晓庄师生活跃的身影。生活教育的种子还在香港、台湾以及东南亚广为播撒,如香港的中华业余补习学校,金门的古荣小学;晓庄学生夏孟雯、郭美璋漂洋过海,在泰国的曼谷华侨学校、曼谷南洋中学校的华侨中践行和传播行知生活教育思想。

晓庄被查封后,陶行知曾经多次尝试恢复晓庄学校,却未能如愿。直到新中国成立后,晓庄学校复校才有了希望。

1952年2月19日,复校后的南京晓庄学校正式开学,这便是今日南京晓庄学院的前身。陶行知认为:"于小学为师范之中心,认识在师范学校创办程序:应该先有小学,后有师范。"于是创办一所中心小学——晓庄小学。先有小学,后有师范,可以起到辐射作用。晓庄师范的蓬勃气象,给中国教育事业注入了新鲜的血液。1929年时,晓庄学校有学生近600人。到1930年停办时,学校人数更多。

根据《晓庄学校十九年毕业学生录》记载:晓庄学校中学的学生达到240人,再加上小学和幼稚园学生,学校学生有近800人。其中操震球、戴伯韬、王琳、王洞若、李楚才、程本海、季雪云、徐企周、陈昌嵩、谢纬棨、葛商德、李湘维、裴志发等十三人被陶行知欣喜地以耶稣基督的十三门徒所喻,以显示他们为乡村教育事业牺牲、奉献的精神。在此后的生活教育运动中,也证明了这十三门徒对教育事业的执着,他们成为生活教育运动的主将。

晓庄学校的生活教育实验,在20世纪20年代中后期树立了一面教育革命的大旗,为中国教育改革探索出了一条新路。陶行知率先从事乡村教育改革,在教育界掀起了一场教育革命,引起了时人对于乡村教育问题的广泛关注。对于转变当时教育改革的方向与重心,起了积极推动作用。陶行知在晓庄学校开展的生活教育实践,直接推动了乡村教育的发展。晓庄学校的办学宗旨、培养目标、组织机构、招生和毕业制度等方面的改革,强调教育与生活、学校、社会的联系,创造出一种新的乡村师范办学模式,给人以耳目一新之感,吸引了教育名流和一线的教育工作者前往考察、观摩。晓庄学校的办学模式由此迅速在全国范围内得到推广。

在晓庄师范生活教育实验的影响下,江苏、浙江、安徽、福建、广东、江西、河南等省,1927年后增设了许多乡村师范及学校,诸如湘湖师范、黄麓师范、新安小学、园山学校等无不以晓庄为仿效样板,有的甚至直接求援,陶行知也总是尽力予以支持,发展乡村教育,促进社会向前发展。

大先生陶行知的仁爱之心就是爱满天下,甘当人梯。具体表现在爱国、爱人民、爱家乡、爱教师、爱学生。他有一颗博大的仁爱之心。"我是中国人,我爱中华国"是陶先生的人生名言,他有一颗"我是一个中国人,要为中国作出一些贡献"的赤忱之心。陶行知为老百姓烧心香,以博大、深沉、执着、持久的爱,关心人民的生活,关注着每一位学生,有一颗使乡村的儿童受同等知识教育的博爱之心。

后 记

晓庄，位于和燕路西侧一里远的老山东麓，距迈皋桥老街三里路，当时有三四户陆姓兄弟结庐于此，老百姓称之为"小庄"。1927年3月15日，陶行知先生以中华教育改进社的名义在这里购置一百余亩荒地，创办"试验乡村师范学校"，将其改称为"晓庄"，寓意晓庄学校要为中国乡村教育探获新路，要为乡村社会寻觅革新曙光，创造"一个四通八达"的新世界。

大先生在晓庄，正值农耕时代与工业时代的交汇期；国家多难、民族危急之时，他以"捧着一颗心来，不带半根草去"的赤子热忱，与劳苦大众休戚与共，为中国乡村教育鞠躬尽瘁，死而后已。他怀着"教育为公""甘当骆驼"的奉献精神，从中国国情出发，发展人民的教育，为中华民族培养人才，作出了值得后人永远纪念和学习的贡献。

陶行知先生是师德师风学习的典范，是当代教师的楷模，是世人效仿的榜样。他"捧着一颗心来，不带半根草去"，为中国教育事业奉献终身。他爱满天下，始终以博爱之心，关心每一个学生。借鉴学习陶行知先生的师德师风，是当代教师必须经历的、重要的学习过程。广大教师要有"为一大事来，做一大事去"的人生抱负，要有"捧着一颗心来，不带半根草去"的献身精神，要"学而不厌，诲人不倦"，要"用爱打到学生心的深处"。

大先生与晓庄有着不解之缘，他在这里生活过、战斗过、奔走过，情系晓庄。

大先生在晓庄，忘不了的是那脱下西装长衫、穿起布衣草鞋的身影；激荡着的是那"老山劳，小庄晓，新时代，推动了"的豪情；萦绕着的是那"四个一百万"的宏愿，近一个世纪前，晓庄从这里升起了中国新教育的曙光。

作为20世纪最伟大的中国本土"大先生"，陶行知德配天地，凛凛犹生，堪称"万世师表"；他的伟大不仅在于个人的光芒，还在于其思想标志着中国近现代教育的开端，代表着以"中国化""科学化""大众化"为具体内容的中国本土化近现代教育特质与方向。陶行知先生是一个时代的，又是超越时代的。健康、完整的教育现代化离不开陶行知伟大思想与人格的引领。

后 记

  大先生陶行知就是"四有好老师",陶行知师德教育经典实例,给我们带来了什么?那就是陶行知的理想,先生的道德,先生的学识,先生的仁爱,以及先生丰富的人生经历和精神财富。我们汲取陶行知先生的力量,践行责任担当,坚守为党育人、为国育才,把立德树人融入思想道德教育、文化知识教育、社会实践教育各个环节。讲好先生故事,讲好晓庄故事,讲好新时代故事。

  广大教师要继承与发展陶行知思想,学习陶行知爱满天下的博大胸襟、乐于奉献的伟大情操、炽热真诚的教育激情、不屈不挠的刚毅品质、求真务实的思想作风、开拓创新的创造精神,立德、立志、立功、立言,做"四有"好老师,当新时代"大先生"。

  广大教师要不忘立德树人初心,做新时代教育追梦人;勇担教育共富使命,做新时代教育奋斗者;赓续行知育人薪火,努力做为学、为事的"大先生"。

  云山苍苍,江水泱泱,先生之风,山高水长。晓庄,根深叶茂、底蕴深厚,先生遗风,一部永不完稿的诗集!

朱晓春于犁宫

2021 年 2 月

参考文献

[1] 陶行知. 陶行知全集[M]. 成都:四川教育出版社,2009.
[2] 周洪宇. 陶行知生活教育学说[M]. 武汉:湖北教育出版社,2011.
[3] 王延光,闻慧斌. 雨花台烈士传丛书——晓庄十烈士传[M]. 南京:江苏人民出版社,2016.
[4] 王文岭. 沸腾的晓庄:中共晓庄支部革命历史影像[M]. 南京:东南大学出版社,2021.
[5] 周洪宇. 陶行知大传[M]. 北京:人民教育出版社,2016.

图书在版编目(CIP)数据

陶行知师德师风教育：大先生在晓庄 / 朱晓春编著
. 一南京：南京大学出版社，2022.12(2024.4 重印)
ISBN 978-7-305-26461-0

Ⅰ.①陶… Ⅱ.①朱… Ⅲ.①陶行知(1891—1946)
一生平事迹 Ⅳ.①K825.46

中国版本图书馆 CIP 数据核字(2022)第 252708 号

出版发行	南京大学出版社
社　　址	南京市汉口路 22 号　　邮　编　210093
书　　名	**陶行知师德师风教育——大先生在晓庄** TAOXINGZHI SHIDE SHIFENG JIAOYU——DAXIANSHENG ZAI XIAOZHUANG
编　著	朱晓春
责任编辑	曹　森　　　　　编辑热线　025-83686756
照　　排	南京南琳图文制作有限公司
印　　刷	苏州工业园区美柯乐制版印务有限责任公司
开　　本	718 mm×1000 mm　1/16　印张 11.75　字数 211 千
版　　次	2022 年 12 月第 1 版　2024 年 4 月第 2 次印刷
ISBN	978-7-305-26461-0
定　　价	48.00 元

网　址：http://www.njupco.com
官方微博：http://weibo.com/njupco
官方微信号：njupress
销售咨询热线：(025) 83594756

* 版权所有，侵权必究
* 凡购买南大版图书，如有印装质量问题，请与所购
　图书销售部门联系调换